윤남옥 · 이용택 목사의

성경을 여는 비밀

메노하

들어가면서

저는 이제 60세가 되었습니다. 그리고 인생 60년을 돌아보면서 20년마다 새로운 일을 하게 하시는 주님을 경험하게 되었습니다. 그렇게 인생 4막이 시작되었습니다. 제1막1세-20세은 부모님과 살면서 인생을 준비하던 시기, 제2막21세-40세은 결혼을 하여 아이들을 키우던 시기, 제3막41세-60세은 가장 왕성한 사역을 하던 시기, 그리고 후반부에는 자녀들이 시집, 장가를 가서 손녀들을 안겨준 시기, 그리고 제4막61세-80세은 새 일을 하시는 주님을 바라보면서 시작되었습니다. 하나님이 허락하신다면 5막까지 건강하게 섬기며 살기를 기도하고 있습니다.

그동안 해외에서 집회와 사역을 하느라고 미국 집을 떠나 있어야 했던 저는 제4막이 시작되면서 남편 목사님과 함께 목회를 하기로 결정하였습니다. 앞으로 얼마나 더 살지 모르는데 서로 떨어져서 목회를 하는 것이 더 이상 의미가 없다고 결정을 본 것입니다. 그래서 남편 목사님도 한국에 와서 메누하영화로운교회를 담임하시기로 하였고, 저도 한국에서 메누하 사역을 더 왕성하게 해 보려는 결단을 하게 되었습니다. 물론 우리들의 결단이지만 하나님께서 그렇게 하도록 강권적으로 인도하여 주셨음을 믿고 감사드립니다.

새로운 제4막을 시작하면서 우리는 함께 칼럼집을 출판하게 되었습니다. 저는 성경을 구속사적으로 여는 글을 쓰고, 이용택 목사님은 잠언을 여는 글을 써서 한 권의 책으로 출판하게 된 것입니다.

'걸어다니는 잠언' 이라는 별명을 가지고 계신 이용택 목사님이 가장 사랑하는 성경책은 잠언입니다. 읽고 또 읽어 입을 열면 잠언 이야기만 하셨습니다. 그래서 목사님은 지혜로운 인생을 사신 것 같습니다. 주위에서 목사님의 지혜로 도움을 받은 성도들이 한 두 명이 아닙니다. 목사님이 틈틈이 써서 주예수영성마을 카페에 올렸던 잠언 글들을 모아서 이렇게 한 권의 책으로 만들었습니다.

그리고 저는 20여 년 동안 부흥회사역을 통해 말씀을 전하면서 성경을 여는 키워드keyword가 있다는 것을 알게 되었습니다. 구속사적으로 성경을 읽어 내려가면서 곳곳에 성경을 여는 키워드가 있다는 것을 알게 된 것입니다. 그 키워드를 소개해서 성경이 활짝 열려 여러분들이 말씀의 깊은 세계로 들어가기를 바라는 마음으로 이 글을 준비하였습니다. 아울러 이용택 목사님의 따뜻한 잠언의 말씀을 함께 들으면서 젖과 꿀이 흐르는 강물을 마시는 풍성함이 모두에게 임하시기를 기도합니다.

그동안 메누하 치유사역을 인도하는 동안 저의 곁에서 힘이 되어주신 모든 목사님들과 섬김이 목사님들께 감사를 드리고 변함없이 이 사역의 가장 든든한 지원자가 되어준 가족들, 언제나 기도로 돕고 계시는 모든 중보기도자들에게 감사를 드립니다. 모든 영광을 하나님께 돌려드리고 부디 이 책이 성경이 열려지고 잠언이 열려지기를 기도하는 모든 분들에게 좋은 길라잡이가 되기를 아울러 기도합니다.

2011년 여름에

캘리포니아에서

윤남옥

차 례

성경을 여는 핵심 키워드

윤남옥 목사는,

감리교신학대학교(1974 B. Th, 신학학사)와
감리교신학대학원(1976 M. Th, 신학석사)을 졸업하고
클레아몬트신학대학원(1986 M. Div., 목회학 석사)
클레아몬트신학대학원(1989 D. Min., 목회학 박사)을
졸업했습니다.
미연합감리교회 목사안수(1985)를 받고
미연합감리교회 개체교회 목회(1985년부터 20년)를
지속했으며
브라이드영성훈련원원장(1992 이후)을 거쳐
현재 한국 메누하영화로운교회 공동담임
미연합감리교회 정회원 목사로 일하고 있으며
메누하 능력치유집회를 인도하는 분입니다.

성경이 안 열리네요 —

신학대학을 다닐 때에 열정적으로 강의를 하신 교수님이 한 분 계셨다. 그분은 이사야와 예레미야 강해를 하면서 이렇게 외치셨다. "여러분, 그분의 생생한 목소리가 들리지 않아요? 예레미야가 울고 있는 모습이 보이지 않아요? 명동이 무너져서 황폐하게 되고 이리와 늑대가 돌아다니는 것이 보이지 않습니까?" 그리고 예루살렘의 멸망과 연결하여 명동도 어느 땐가는 그렇게 황폐하게 무너질 것이라고 예언하셨다. 나는 그 강의에 감동을 받아서 집에 가서 곧 이사야와 예레미야를 읽기 시작하였다. 하지만 그분이 받은 감동은 결코 나에게 오지 않았다. 오히려 그 지루한 이야기들이 나를 깊은 잠에 빠뜨렸을 뿐이다.

1984년 나는 정명훈 씨 큰누님인 故 정명소 목사당시는 전도사였다가 인도하는 집회에서 성령체험을 하게 된다. 우리는 그분이 설교하기 시작한 후, 꼭 30분 뒤에 온 교회가 흔들리는 경험을 하였다. 그것은 지진도 아니었고 빈혈도 아니었다. 온 교우들이 함께 흔들리는 체험을 하게 되었고, 나중에 알고 보니 소위 말하는 사도행전의 거룩한 바람이 불어오는 역사, 기름부음의 역사를 함께 체험한 것이었다.

그 때 그분은 찬양전도사였는데 기도회를 인도하던 중, 나에게

다가와서 나의 가슴에 손을 대고 "감리교를 변화시키는 능력의 여종이 되게 하소서."라고 기도해 주었다. 나는 즉시 가슴이 뜨거워지는 경험을 하게 되었고 이 뜨거움은 3년이나 계속되었다. 그렇게 성령체험이 있었던 한 달 후, 그분의 집에 가서 다시 한 번 더 기도를 받았다. 그 때 방언의 은사, 예언의 은사, 그리고 치유의 은사를 받게 되었다. 그분의 지도로 교회에서 기도회를 인도하게 되었으며 성령 충만한 전도사가 되어 설교 초청을 받았고, 기도회 초청도 받게 되었다. 그런데 이렇게 성령 체험한 것이 너무 기뻐서 하나님께 무엇인가를 드리고 싶다고 기도하였더니 하나님은 "너는 이 성경을 24시간 읽어라. 성경은 많이 팔리는 책이기는 하지만 많이 읽혀지는 책은 아니다. 나는 나의 책을 24시간 읽어주면서 함께 기뻐해줄 사람이 필요하다. 나는 너에게 성경을 읽는 전문직을 준다."라고 말씀하셔서 전적으로 성경을 읽기 시작하였다. 하나님은 성경을 읽는 일이 파트타임 일part time job이 아니라 전임 일full time job이라고 말씀해 주셨다. 3년 동안 가슴이 계속 뜨거웠던 감동에 힘입어 매일매일 성경 읽는 일에 빠져 들어갔다.

하지만 성경은 열리지 않았다. 곳곳에 막힌 것이 있었는데 전혀 열릴 것 같지 않았다. 성경을 읽고 또 읽었지만 그 교수님처럼 성경의 인물들과 사건들이 나에게는 실감나게 튀어나오지 않았다. 그래도 실망하지 않고 열심히 성경을 읽던 중, 1992년에 나는 다윗의 고백을 읽으면서 다시 한 번 더 크게 회심을 하게 된다.

"다윗 왕이 여호와 앞에 들어가 앉아서 이르되 주 여호와여 나는 누구이오며 내 집은 무엇이기에 나를 여기까지 이르게 하셨나이까? 주께서 주의 백성 이스라엘을 세우자 영원히 주의 백성으로 삼으셨사오니 여호와여 주께서 그들의 하나님이 되셨나이다"삼하 7:18,24

"여호와께서 그들의 하나님이 되셨나이다."라는 말씀이 나의 가슴을 친 것이다. 1984년 첫 성령체험 이후, 성경을 읽고 또 읽었는데 이 말씀이 나에게 이렇게 크게 부딪친 적은 없었다. '그들의 하나님이 되셨나이다' 라는 말씀이 나를 충격으로 몰고 갔는데 이 말씀은 곧 '내가 너의 하나님이 되고 싶다' 는 말씀으로 들려왔다. 나는 1984년에 성령체험을 하고 하나님을 만났다. 그리고 그 이후에는 하나님이 나의 도움자가 되기를 원하였지만 그분이 나의 하나님이 되시게 하지는 못한 것 같았다. 하나님이 되신다는 말씀은 '다스리시고 싶다' 는 말씀인데 나는 아직도 하나님을 나의 주主로 모시지는 못하고 있었던 것이다.

이 사실이 나를 한 달 동안 울게 만들었다. 지금까지 내가 하나님의 도움을 받고자 했지만 실상 그분을 인격적으로 경배하고, 그분의 말씀에 순종하는 삶을 살지 못하였구나. 그래서 그분이 나의 하나님이 되시지를 못하셨다는 것을 알게 되었다.

나는 무릎을 꿇고 회개하였다. "주님, 저의 하나님이 되어 주십시오."라고 기도하였다. 그리고 『나는 그들의 하나님이 되리라』는 성서연구 교재를 만들기 시작하였다. 그 때는 컴퓨터가 없었기 때문에 일일이 손으로 내용을 적어가며 첫 번째 성서연구 교재를 완성하였다.

하나님은 당연히 하나님이시다. 이 사실을 어느 누구도 부인할 수 없다. 우리가 인정하면 그분이 하나님이시고, 우리가 인정하지 않으면 하나님이 아니신 것이 아니다. 그분은 누가 뭐라고 해도 하나님이시다. 그러나 그분이 각자의 하나님이 되시는 것은 인격적이고 개별적이다. 그분이 온 우주의 하나님이라고 해서 모두의 주님이 되는 것은 아니다. 그분은 개개인에게 하나님이 되어 가신다. 언제 우리의 하나님이 되시는가? 그때는 우리가 전적으로 그분의 언약에 순종하는 때이다. 곧 언약의 백성이 될 때에 그분은 우리의 하나님이 되신다.

"내가 내 언약을 나와 너 및 네 대대후손 사이에 세워서 영원한 언약을 삼고 너와 네 후손의 하나님이 되리라 내가 너와 네 후손에게 네가 거류하는 이 땅 곧 가나안 온 땅을 주어 영원한 기업이 되게 하고 나는 그들의 하나님이 되리라" 창 17:8

'나는 그들의 하나님이 되리라' 라는 말씀은 나의 삶을 변화시켰고 나를 생동감 있게 만들어 주었다. '나는 그들의 하나님이 되리라' 는 말씀이 내 목회의 핵심 슬로건이 되었고, 나는 그 문장을 가지고 성경 전체를 열어나갔다. 그 말씀으로 인해 성경이 열렸다. 모든 질문에 그 말씀이 대답이 되었다.

"왜 하나님이 세상을 창조하셨을까?"
하나님이 되고 싶으셔서.

"왜 하나님이 기적을 베푸셨을까?"
하나님이 되고 싶으셔서.

"왜 하나님이 선악을 알게 하는 나무의 실과를 만드셨을까?"
하나님이 되고 싶으셔서.

"왜 하나님은 아기를 못 낳는 사라와 아브라함을 선택하셨을까?"
하나님이 되고 싶으셔서.

"왜 하나님은 이스라엘을 바벨론 포로가 되게 하셨을까?"
하나님이 되고 싶으셔서.

이 말씀대로 나는 그분이 나의 하나님이 되시도록 순종하기 시작했고 하나님께서 인도하시는 대로 교재를 만들어서 한국에 나가 세미나를 시작했다. 하나님은 브라이드성서연구원Ministry of the Bride: 1992년 시작, 나중에 브라이드영성훈련원으로 개명을 시작하게 하시면서 다음과 같은 말씀을 주셨다.

"너는 이 성서연구 교재를 들고 세상으로 나가라. 나는 창조주 하나님. 나는 모든 이들에게 창조적 목회를 주었다. 너는 남의 목회를 모방하지 말라. 너는 말씀으로 성도들을 그리스도에게로 인도하는 중매쟁이다."

그래서 사도 바울이 열심을 갖고 중매쟁이 일을 한 것처럼 나도 말씀을 들고 나가서 그리스도라는 멋있는 신랑에게로 신부들을 인도중매하기를 쉬지 않았다.

"내가 하나님의 열심으로 너희를 위하여 열심을 내노니 내가 너희를 정결한 처녀로 한 남편이 그리스도께 드리려고 중매함이로다"고후 11:2

아! 성경이 열리기 시작하네요 —

그 이후로 성경이 조금씩 열리기 시작했다. 마치 성경 말씀이 어떤 밧줄에 묶여 있다가 후드득 풀리는 것처럼 풀리기 시작한 것이다. 그래서 나는 처음으로 유다와 다말의 사건, 욥과 요나, 그리고 에스더를 열었고 달란트 비유를 열게 되었다. 그 전에는 열리지 않던 것들이 구속사적으로 성경을 읽어 내려가니까 열리기 시작한 것이다. 모범적으로 성경을 읽을 때에는 안 열리던 성경이 이제는 차

츰 열리기 시작하였다. 그 전에는 주로 아브라함이나 성경인물들이 행한 선행이나 그들의 훌륭한 점을 찾는데 관심이 있었는데 이제는 '내가 그들의 하나님이 되리라' 는 관점에서 읽기 시작하니까 성경이 열리기 시작한 것이다.

성경은 결국 예수 그리스도를 통하여 하나님을 계시하는 내용이므로 하나님의 관점에서 성경을 읽지 않으면 안 열리는 것이 당연하다. 성경에는 '새' 자가 들어가는 말들이 많이 나온다. 새 마음, 새 영, 새 이름, 새 하늘과 새 땅, 새 노래, 새 술 등. 이 말들을 나는 단순하게 새것new thing이라고 이해하였다.

> "너희는 이전 일을 기억하지 말며 옛날 일을 생각하지 말라 보라 내가 새 일을 행하리니 이제 나타낼 것이라 너희가 그것을 알지 못하겠느냐 반드시 내가 광야에 길을 사막에 강을 내리니"사 43:18,19

이사야에서 하나님께서 말씀하시는 새 일도 단순히 새 일이라고 생각하였다. 그런데 나는 개인적으로 천국에 들어가는 경험을 하면서 이 말을 새롭게 해석하게 되었다. 천국에 가보니 시간이 없는 곳이었다. 말을 오랫동안 하면 시작과 나중 사이에 시간상 차이가 있는 것이 정상인데 천국에는 그 모든 말들이 한순간에 다 전달된다. 어제와 오늘과 내일의 개념이 없는 곳이 천국이었다. 이것은 참 설명하기 어려운 문제다. 나는 며칠 동안 일어났던 이야기를 설명했는데 그 말이 한순간에 상대방에게 전해졌으며 상대방이 며칠 동안에 일어난 일에 대하여 설명했을 때, 나는 그 모든 말들이 순식간에 이해되었다.

가끔 천국에 가셨던 분들이 천국의 아름다움을 설명할 길이 없다고 말할 때마다 나는 무척 속상하였다. 있는 그대로 설명하면 되는데 왜 못한다고 하는지 이해가 되지 않았다. 혹시 가보지도 않고 거짓말을 하려니까 표현할 수 없다고 한 것일까? 이런 의심도 해 보았다. 그런데 직접 가보니까 이해가 되었다. 영원이라는 곳에 존재하는 천국, 시공을 초월하여 존재하는 천국, 언어를 초월하여 존재하는 천국을 어떻게 이 지상의 말로 설명할 수 있단 말인가? 나는 천국에 갔다 와서 에스겔 선지자를 더 존경하게 되었다. 에스겔 1장에서 환상을 기록한 그의 솜씨는 정말 환상적이다. 나는 그 글을 읽고도 어떤 장면인지 이해되지 않는다. 그것은 에스겔 선지자도 마찬가지였으리라. 그도 자신이 이해되지도 않는 것을 그냥 묘사했을 것이다.

이렇게 나는 천국에 가서야 비로소 '새' 자의 의미를 알게 되었다. 이 말의 뜻을 신학대학에서도 배우지 못했고, 어떤 설교자들도 나에게 설명해주지 않았다. 나는 천국에서 이 의미를 배우고 돌아왔다. 새것이 존재하는 곳은 유일하게 천국뿐이다.

"이미 있던 것이 후에 다시 있겠고 이미 한 일을 후에 다시 할지라 해 아래에는 새것이 없나니"전 1:9

그렇다. 해 아래, 곧 지상에는 새것이 없다. 왜냐하면 모든 일은 과거에 어디에선가 이루어졌던 일이고, 모든 물건은 어딘가에 이미 존재하거나 존재했던 것들이기 때문이다. 반면 천국은 영원 가운데 존재한다. 그래서 이 지상의 나라와 전적으로 다르다. 영원은 어제도 없고 미래도 없다. 그러므로 영원 안에서 일어나는 것은 모두가 새 일이고, 새것이다. 이렇게 나는 '새' 자의 의미를 이해하였다. 만일 새 노래라고 한다면 이 지상에는 새 노래라고는 없다. 해 아래 새것은 없기 때문이다. 새 노래라고 한다면 천국에 있는 노래이다. 영원 가운데 존재하는 노래이다. 새 일이라고 한다면 천국에 속한 일이며 영원에 속한 일이다. 해 아래 새 일이라고는 없다. 새 이름도 마찬가지다. 천국에 속한 이름이다. 영원에 속한 이름이다. 해 아래 새 이름은 없다.

브라이드영성훈련원을 미국에 비영리단체로 등록하기 위해 기도하면서 나는 하나님께 이렇게 기도하였다. "하나님, 당신은 스스로 창조주 하나님이라고 선포하셨으니 저에게도 창조적인 이름을 허락하여 주세요. 아무도 사용하지 않았던 새 이름을 주세요." 그러자 주님은 며칠 나를 기다리게 하셨다. 그리고 두 번 꿈을 보여주었는데 첫 번째 꿈은 내가 신부드레스를 입고 신랑과 춤을 추는 모습,

두 번째 꿈은 신랑을 기다리며 깊은 물속에서 정결의식을 하는 신부의 모습을 보여주셨다. 그래서 나는 브라이드신부영성훈련원이라는 이름으로 미국 비영리단체로 등록을 하였고 그 이름은 그 넓은 미국에서 오로지 하나였다. 지금은 한국에도 브라이드라고 사용하는 이름들이 많이 있지만 1992년에는 없었던 것으로 안다. 이와 같이 하나님이 주시는 이름만이 새 이름이며 창조적 이름이다. '새' 자를 이해하는 것도 영원의 빛을 비추어서 비로소 이해하였다.

오순절에 사람들이 새 술에 취하였다는 것도 이해하게 되었다. 술은 술이지만 새 술이다. 천국에 속한 술, 영원에 속한 술이다. 이 술을 먹으면 지상의 술을 먹은 것처럼 비틀거리지만 근본적으로 다른 비틀거림이다. 세상에서는 세상을 도피하기 위하여 술을 먹지만 하늘의 술은 세상을 이기게 한다. 세상에 살면서도 세상에 물들지 않고 세상을 이기게 하는 술이다. 사도행전에서는 이렇게 새 술에 취해서 새 공동체 생활을 시작하는 무리들을 만나게 된다. 그렇게 새 술은 새 힘이 있다. 세상에서 주는 힘이 아니라 천상에서 주는 힘이다. 영원에서 주는 힘이다.

예수 그리스도가 성경을 여는 키워드이다 —

"그들이 서로 말하되 길에서 우리에게 말씀하시고 우리에게 성경을 풀어 주실 때에 우리 속에서 마음이 뜨겁지불타지 아니하더냐?"눅 24:32

나는 1984년 일일부흥회에서 마음이 뜨거워지는 경험, 불타는 경험을 하였다. 이렇게 뜨거워진 마음이 3년 이상 계속되었다. 가슴 어디엔가 손을 대면 항상 불타고 있는 느낌, 어느 때는 아프다는 느낌이 있었다. 그리고 그 이후, 나는 모든 면에서 뜨거워졌다. 기도가 뜨거워졌고, 설교가 뜨거워졌고, 전도가 뜨거워졌다.

어떻게 마음이 뜨거워질 수 있을까?

나는 가슴을 만지면서 도대체 어떤 부분이 뜨거워지는지 찾으려고 노력하였다. 그런데 느껴지기는 하지만 어떤 부분인지 확실하게 알 수가 없었다. 사실 이것도 세상 지식으로는 이해가 되지 않는 것이다. 메누하에서 이런 체험을 하고 어떤 권사님이 병원에 가서 검사를 받아 본 적도 있었다는 이야기를 들었다. 그러나 병원에 가면 모든 것이 정상이다. 마음이 신체적으로는 뜨거워질 수는 없다. 하지만 너무나 많은 사람들이 집회에서 뜨거워지는 체험을 한다. 도대체 어디가 어떻게 뜨거운 것일까?

이것도 최근에 깨달았다. 나는 우리의 몸이 신체적인 부분과 영적인 부분이 합쳐져 있음을 알게 되었다. 영적인 몸이 신체를 빠져나가서 입신을 하고 돌아와서 다시 신체로 돌아가는 경험 등을 통하여 우리의 영적인 몸이 신체와 연합되어 있음을 알게 되었다. 천국에 갔다 와서 나는 열린 비전을 갖게 되었고, 눈을 뜨고 동시에 천국과 지상을 볼 수 있게 되었다. 나의 심장은 예수님이 방문하실 때마다 특별하게 뛰었고, 나의 귀는 주님의 음성이 들리기 시작했고, 나의 코는 천상의 향기를 맡게 되었고, 나의 입은 천상의 언어로 말을 하기 시작했고, 천상의 노래를 부르기 시작했다. 나의 손은 다른 사람의 손을 감각하면서 어떤 병이 있는지, 어떤 영의 역사가 있는지 알 수 있었다. 한의사가 진맥을 하듯이 영적 진맥이 가능하게 되었다. 나의 몸은 남이 아픈 것이 그대로 체휼이 되었고, 그래서 치유 기도가 가능하게 되었다. 나의 눈은 귀신과 천사가 보이기 시작했고, 귀신들이 황급하게 나가는 모습을 직접 보았고, 천사들이 선물들을 들고 오는 것, 천사들이 어떤 옷을 입었는지, 천사들이 어떻게 우리를 동시에 천국에 데리고 가서 생명강가에 담가 주는지도 보게 되었다.

이렇게 말하면 육신을 갖고 있는 우리들이 이해가 되지 않을 수도 있다. 하지만 천상이 열려서 영적인 기관들이 열리게 되면 육적인 심장, 영적인 심장이 따로 있고 육적인 위, 영적인 위가 따로 있다는 것을 알게 된다. 나의 마음이 뜨거워진 것은 다름 아닌, 영적인 마음이 뜨거워진 것이다. 영적인 마음에 불이 붙었기 때문이다. 이것은 엠마오로 내려가던 제자들의 경험이기도 하고 존 웨슬리의 경험이기도 하고 마틴 루터의 경험이기도 하다.

뜨거워진다는 의미는 무엇일까?

영적인 심장이 뜨거워진다는 것이 이해가 되었다면 뜨거워진다는 말의 진정한 의미도 밝혀야 할 것이다. 필자는 하나님의 은혜로 뜨거워진다는 것과 열을 받는 것의 차이를 깨닫게 되었다. 어떤 열을 가하면 모든 물체는 열을 받는다. 그러나 그 열을 가하는 요인이 사라지면 식어버리게 된다. 그런데 누가복음 24장에 나오는 뜨거워진다는 의미는 어떤 의미일까?

뜨거워진다는 것은 생명을 만났다는 말이다. 열은 그 열을 일으키는 요인이 사라지면 곧 식어버리지만 생명을 만나게 되면, 그래서 생명을 입게 되면 결코 식어버리지 않는다. 어린 아이들의 경우를 보자. 그들은 양말도 신지 않고, 겉옷도 입지 않고 겨울을 난다. 그러나 노인들은 그렇지 않다. 몸이 춥고 뼈가 시리다. 마치 바람이 뼈 속을 지나가는 것 같다. 생명이 줄어가고 있기 때문이다. 즉 생동감이 사라지고 점점 죽음을 향하여 나아가고 있다는 것이다. 어린 아이들이 겉옷을 입지 않고도 겨울을 나는 것은 그만큼 그들의 생명력이 더 크기 때문이다. 생명이 있는 자들은 따뜻하다. 시체가 따뜻한 것을 보았는가? 나는 여러 번 임종을 지켰지만 죽음이 다가온 것을 알 수 있는 길은 그들의 발과 다리를 만져보는 일이다. 죽음이 가까워오는 자들은 먼저 말초신경에서부터 냉기가 오기 시작한다. 따뜻함에는 생명이 있고, 뜨거워졌다는 것에도 생명이 공급되었다는 의미가 있다. 그런 의미에서 제자들은 생명을 만났고, 곧 그리스도를 만나게 된다. 그리고 그들은 그 뜨거움을 갖고 예루살렘을 향하여 뛰어가게 된다.

성경 안에는 이렇게 생명이 흐른다. 그 생명이 곧 예수 그리스도이시다. 성경에서 생명을 찾아나가면 성경이 열린다. 그 생명은 곧 예수 그리스도이시며, 예수 그리스도의 언약이다. 그 언약은 네 가지 요소를 갖고 있는데 그 언약이 의미하는 네 가지 요소가 곧 성경을 여는 네 가지 핵심 키워드이다.

언약이 성경을 여는 핵심 키워드이다 —

성경의 주제는 무엇일까? 그리스도를 통하여 하나님이 당신을 계시하시는 내용이 주제이다. 성경은 그분이 누구이시며, 그분이 어떤 분이시며, 어떻게 우리와 관계를 맺으시는 분이신가를 말씀하고 있다. 성경이 그분을 계시하고 있다면 당연히 우리는 성경에서 그분을 찾아나가야 할 것이다. 그런데 성경은 단순히 그 한 분만을 계시하고 있지는 않다. 그분이 이루시는 하나님의 나라, 하나님의 구속사, 하나님의 백성이 그 주제에 더하여진다. 하나님과 백성, 이 두 파트가 이루는 하나님의 나라, 그리고 그 하나님의 나라가 진행되는 구속의 역사가 성경에 풍성하게 담겨져 있다.

에덴동산에서 흐르는 네 줄기의 강[江]

성경은 태초에 하나님이 천지를 창조하셨다고 선포하면서 시작된다. 성경의 주인은 창조주 하나님이시며, 그 하나님이 온 우주 만물을 만드시고 소유하신 분이시다. 그 하나님을 믿는 순간부터 성경은 열리게 된다. 창조주 하나님을 성경에서 만나야 하며, 그분이 누구이신가를 아는 것이 성경을 여는 가장 핵심적인 키워드가 될 것이다. 그런데 그 하나님이 그리스도라는 분을 통하여 계시되어진다는 것이 더 중요하다. 하나님을 본 자는 없다. 하지만 그리스도를 본 자는 하나님을 보게 된다.

그 하나님이 온 우주 만물을 만드시고 인간을 만드셨다. 그리고 가정도 만들어주시고, 안식을 창조하여 제7일에 쉬신 분이시다. 처음에 창세기 1장만을 보게 되면 하나님은 영원히 안식하실 수 있는 분으로 보인다. 그러나 2장과 3장, 그리고 4장으로 연결되어 읽다 보면 하나님은 바쁘게 일하셔야 될 것으로 보인다. 왜냐하면 인간이 죄를 범하게 되어 에덴동산을 쫓겨나가기 때문이다. 에덴동산에서 쫓겨나면서 가정은 더 큰 문제를 안게 되었다. 형제들이 살인하는 사건이 일어난 것이다. 결국 선악을 알게 하는 나무의 열매를 먹는 자는 정녕 죽으리라고 하였는데 인류는 모든 면에서 죽음을 맞이하게 된다. 하나님과의 관계도 단절되고, 형제와의 관계도 단절되고, 자연과의 관계도 단절된다. 모든 인류는 하나님이 말씀하신 대로 죽음의 족보에 들어가게 된다.

"아담은 셋을 나은 후 팔백 년을 지내며 자녀들을 낳았으며 그는 구백 삼십 세를 살고 죽었더라"창 5:4,5

창세기 5장은 죽음의 족보이다. 그들은 몇 백 년을 살았지만 결국 죽었다. 므두셀라도 969년을 살았다. 그렇게 사는 동안 결코 죽지 않으리라고 생각했을지 모르지만 결국 그도 죽었다. 모든 사람들은 이 죽음의 족보에 들어간 자이다. 물론 에녹은 죽음을 보지 않고 하나님께로 간 사람이지만.

그러나 필자는 에덴동산에서 흘러나오는 네 줄기의 강물을 보고 이것이 성경 전체에 흘러서 요한계시록 생명의 강까지 연결되는 것을 깨달았다. 주님은 에덴동산을 막기는 하였지만 흘러내리는 네 줄기의 강은 막지 않으셨다. 이것은 놀라운 은총이다. 에덴동산으로 다시 돌아갈 수는 없지만 그곳으로부터 흘러내리는 물은 에덴동산 밖에 있는 사람들도 마실 수가 있었다. 이 네 줄기의 물을 찾아 나서자. 그리고 그 생수를 마시면 목마르지 아니하고 다시 회복될 것이다. 필자는 이 네 줄기의 강물 줄기를 그리스도로 보았고 그리스도의 언약의 내용으로 보았다.

세상 생물 사이에 세운 언약

아브라함에게 나타나신 주님은 그와 언약을 맺으신다. 그 언약의 내용은 무엇인가? 아브람과 그의 후손에게 땅을 주시고 씨를 주셔서 번성하게 하시겠다는 약속이다. 이러한 약속은 아브람과의 약속에서 처음 나오는데 이 사건은 노아의 방주 사건 뒤에 나온다.

하나님은 노아 때에도 약속을 맺으셨다. 그것은 무지개 언약이라고 볼 수 있는데 노아와 노아의 가족들과 땅에 있는 모든 생물 사이에 세운 언약이셨다.

"내가 너희와 언약을 세우리니 다시는 모든 생물을 홍수로 멸하지 아니할 것이라 땅을 멸할 홍수가 다시 있지 아니하리라"창 9:11

"내가 내 무지개를 구름 속에 두었나니 이것이 나와 세상 사이의 언약의 증거니라 하나님이 노아에게 또 이르시되 내가 나와 땅에 있는 모든 생물 사이에 세운 언약의 증거가 이것이라 하셨더라"창 9:13,17

노아 방주 사건의 구속사적인 의미는 무엇인가? 사실 하나님은 홍수로 세상을 멸하시되 노아의 방주를 준비하여 동시에 구원의 문도 열어주셨다. 노아의 홍수는 사람들의 죄악이 너무 넘쳐서 일어난 물의 심판이다. 그러나 실상 그 홍수로 인하여 인간의 죄악이 없어졌는가? 그렇지 않다. 그 이후에 사람들은 더욱 패역해진다. 하나님이 사람을 만든 것을 후회할 정도로 인간의 죄악이 온 땅을 덮게 된다. 하나님이 원하시는 나라는 그런 나라가 아니다. 하나님과 샬롬을 이루며 경배 받으시기를 원하시는 그런 나라이다. 하지만 사탄의 유혹은 하나님과 인간이 반목하게 만들었고, 하나님의 뜻에 합당한 나라를 이루지 못하도록 이끌어 갔다. 사탄은 자신이 경배받기를 원하였고, 그 경배를 올려 줄 인간을 자기의 편으로 훔쳐가기 시작했다. 이미 죄악으로 인하여 땅을 다스리는 권세도 사탄에게 넘어갔다.

하나님께서 죄를 도말하시고 인간과 화목하게 되는 길이 과연 있을까? 하나님은 처음에 노아의 방주 사건을 통해 일차적으로 죄의 문제를 해결하시려고 한다. 그러나 노아의 방주 사건 뒤에도 여전히 죄악은 흘러넘쳤다. 그러므로 하나님은 노아의 방주 사건을 통해 인간의 죄악이 결코 물로 씻어낼 수 있는 것이 아님을 보여주신다. 노아의 방주 사건이 단순히 마지막 때에 올 심판에 대해 말씀하고 있는 것이 아니라, 물로도 우리의 죄악이 씻어질 수 없다는 중요한 진리를 선포하고 있는 것이다. 물로도 죄악은 씻어낼 수가 없다. 그리고 돌을 쳐서 죽여도 죄는 끝나지 않으며 죄의 뿌리는 뽑히지 않는다. 또한 허다한 비누로 씻어도 죄는 없어지지 않는다. 죄의 문제는 도덕적인 것이 아니라 죽음의 문제이기 때문이다.

"죄의 삯은 사망이라"롬 6:23

하나님은 이제 물로 씻어내고, 불로 태우고, 돌로 쳐서 인간의 죄성을 뿌리 뽑으려는 것이 아니라 다른 방법을 제시하신다. 그것이 바로 언약을 맺는 것이다. 언약을 맺고 '의롭다 여겨주시는 길'만이 인간이 승리하는 것이다. 이 언약의 사건은 곧 그리스도로 약속을 맺는 사건이다.

아브라함과 맺은 언약

"아브람이 구십구 세에 여호와께서 아브람에게 나타나서 그에게 이르시되 나는 전능한 하나님이라 너는 내 앞에서 행하여 완전하라 내가 내 언약을 나와 너 사이에 두어 너를 크게 번성하게 하리라 하시니 아브람이 엎드렸더니 하나님이 또 그에게 말씀하여 이르시되 보라 내 언약이 너와 함께 있으니 너는 여러 민족의 아버지가 될지라"창 17:1-4

하나님은 아브라함과 언약을 맺으신다. 그 언약의 내용은 너로 여러 민족의 아버지가 된다는 말씀, 기름진 가나안 땅을 주시겠다는 약속이다. 사람들과 땅을 주시겠다는 약속이다. 이제 하나님은 우리들의 죄의 문제를 심판하는 것으로 해결하시려는 것이 아니라 약속의 말씀으로 해결하시려고 언약을 맺으신다. 언약은 단지 말씀으로만 맺는 약속이다. 약속을 맺었다는 계약서도 없고, 약속이 이행되지 않았을 때에는 어떤 벌칙이 있다는 경고도 없고 단지 약속만을 선포하신다. 벌레만도 못한 인간과 전지전능하신 하나님이 약속을 맺으시는 것이다. 하나님이 어떻게 이런 비천한 인간, 부패한 인간을 믿고 약속을 맺으실 수가 있단 말인가?

여기에서 키워드도 역시 그리스도이다. 하나님은 인간과 약속을 맺으시지만 그 중간에 중보자를 세우신다. 그가 바로 그리스도이시다. 인간이 약속을 이행할 수 없다면 그리스도께서 그 빚을 갚으셔야 한다. 대속물이 되셔야 한다. 하지만 그리스도를 믿는 모든 이들에게 하나님은 빚을 갚아주시고 죄가 없다고 여겨주시게 된다. 이것이 곧 칭의의 개념이다.

"아브람이 여호와를 믿으니 여호와께서 이를 그의 의로 여기시고"창 15:6

우리의 구원은 우리의 행위나 공로에 있는 것이 아니고 전적으로 그리스도로 인하여 가능하다. 우리의 공로가 아니고 그리스도의 공로이다. 하나님은 그리스도를 보시고 우리를 용서하신다. 하나님은 그리스도의 의를 보시고 우리를 구원하신다. 인간의 의로 구원받을 자는 아무도 없다.

이렇게 그리스도를 중보자로 언약을 맺으신 하나님은 아브라함에게 자손들과 땅을 주시기로 약속하신다. 하늘의 별처럼, 땅의 모래알처럼 많아질 그 후손들, 그리고 사라를 통해서 나올 씨, 이삭에 대한 약속을 하시는 주님은 거기에 기름진 땅, 젖과 꿀이 흐르는 땅까지 주시기로 그와 그의 후손들과 약속을 하신다.

이제 성경을 여는 키워드, 그 중의 하나가 땅과 씨이다. 성경을 땅으로 풀고, 씨로 풀면 풀리게 되어 있다. 이것은 필자의 글에서 구체적으로 설명이 될 것이다. 나라를 이루기 위하여 필요한 것이 있다면 그것은 국민과 영토이다. 하나님은 아브라함을 통하여 이루실 나라에 꼭 필요한 국민과 영토를 주시겠다는 약속을 하신 것이다. 지상에서는 국민과 영토가 필요하다. 그러나 하나님의 나라, 하나님께서 공의와 사랑으로 다스리는 나라에서는 무엇이 필요할까? 그 나라에도 영적 후손들과 영적인 땅이 필요하다. 그 영적 후손들은 이삭을 통하여 이루어지게 될 것이다. 이러한 것을 간단하게 설명하기는 어렵지만, 언약에서 약속된 후손들은 영적으로 그리스도를 통해서 구원받을 모든 성도들을 상징하고 땅은 영적으로 그리스도를 상징한다. 그리고 여자의 후손에서 나올 그 씨, 그분이 바로 그리스도이시다. 그러므로 깊이 묵상을 해 보면 아브라함의 언약에서 약속된 것도 바로 그리스도이시다.

성경에서는 가나안 땅을 주시고 약속이 되었지만 우리에게 땅이 되시는 분은 그리스도이시다. 이스라엘이 가나안 땅을 정복하고 들어갔지만 나중에는 그 땅을 잃어버리는 민족이 된다. 그들이 다시 고토로 돌아가는 것을 얼마나 소망하였는가? 이스라엘에게는 가나안 땅이 그들이 받을 기업이다. 우리들은 그리스도를 기업으로 받게 된다. 땅이 되신 그리스도는 우리에게 부족함이 없는 분이시다. 그 땅에서 우리는 모든 것을 공급받으며, 그 땅에 신령한 집을 짓고, 그 땅에 뿌리를 박고 세워지게 될 것이다. 땅이 되신 그리스도로 인하여 우리는 부족함이 없다. 땅은 모든 것을 제공한다. 광야에서 살던 이스라엘에게는 땅이란 너무 귀중한 선물이었다. 광야생활에서 없었던 모든 것을 제공해주기 때문이다. 땅에서 얻는 가장 중요한 축복은 집을 짓고 살 수 있는 축복이며, 그 축복으로부터 얻는 또 하나의 축복이 안식이다. 텐트[장막]를 치고 이리 저리로 유목민처럼 다니던 이스라엘에게 가나안 땅은 특별한 것이었는데 모든 것을 제공받으면서 안식까지 누릴 수 있는 곳이었다. 이렇게 부족함이 없이 모든 것을 제공해주는 우리의 땅이 되신 그리스도를 성경에서는 구약부터 신약까지, 창세기부터 요한계시록까지, 처음과 나중으로 만날 수 있다.

"네 하나님 여호와께서 너를 아름다운 땅에 이르게 하시나니 그곳은 골짜기든지 산지든지 시내와 분천의 샘이 흐르고 밀과 보리의 소산지요 포도와 무화과와 석류와 감람나무와 꿀의 소산지라 네가 먹을 것에 모자람이 없고 네게 아무 부족함이 없는 땅이며 그 땅의 돌은 철이요 산에서는 동을 캘 것이라 네가 먹어서 배부르고 네 하나님 여호와께서 옥토를 네게 주셨음으로 말미암아 그를 찬송하리라" 신 8:7-10

"여호와는 나의 목자시니 내게 부족함이 없으리로다" 시 23:1

"그러므로 너희가 그리스도 예수를 주로 받았으니 그 안에서 행하되 그 안에 뿌리는 박으며 세움을 받아 교훈을 받은 대로 믿음에 굳게 서서 감사함을 넘치게 하라" 골 2:6,7

모세와 맺은 시내산 언약

"세계가 다 내게 속하였나니 너희가 내 말을 잘 듣고 내 언약을 지키면 너희는 모든 민족 중에서 내 소유가 되겠고 너희가 내게 대하여 제사장 나라가 되며 거룩한 백성이 되리라 너는 이 말을 이스라엘 자손에게 전할지니라" 출 19:5,6

이스라엘 백성을 애굽으로부터 구출해내신 하나님은 모세를 통하여 새로운 언약에 들어간다. 그것은 시내산에서 허락하신 말씀으로서 그 민족의 정체성을 주는 언약이다. 그 민족이 거룩한 백성이 되며 하나님께 대하여 제사장 나라가 된다는 말씀이다. 그런데 여기에서의 언약은 조건이 붙는다. 아브라함에게는 일방적으로 무조건적인 언약을 체결하시는데 모세에게는 조건이 붙는다.

"너희가 내 말을 잘 듣고 내 언약을 지키면"

언약을 지키면 이런 축복이 따라온다는 말씀이다. 그 언약의 내용이 율법이다. 하나님은 이스라엘 민족이 제사장 나라로서 마땅히 구별하여 지킬 법을 시내 산에서 수여하신다. 십계명과 아울러 성막의 법, 제사장 법, 사회법 등 거룩한 백성이 지켜야할 율례를 결정해서 주신다.

나라가 이루어지기 위하여 법이 필요하다. 필자는 미국 시민권

자로서 미국 법을 지켜야 한다. 그리고 한국 거소증을 소유한 자로서 한국 법을 지켜야 한다. 이 법을 지키지 않으면 미국인으로서, 한국인으로서 살아갈 수가 없다. 나라마다 법이 다르고, 그 법으로 인하여 다른 나라와 구별이 된다. 미국에서는 16살이 되면 운전을 할 수 있는 법이 제정되어 있다. 하지만 한국에서는 16세 고등학생이 운전할 수가 없다. 미국에서는 결혼을 하면 여성이 남편 성을 따라야 한다. 그러나 한국의 여성들은 결혼하여도 성이 바뀌지 않는다.

하나님의 나라가 이루어지기 위하여 법이 필요하다. 그 나라의 법이 곧 그리스도이시다. 그리스도는 율법을 완성하신 분이시고, 우리의 법 자체가 되시는 분이시다. 여러 의견들이 나와서 갈등을 느끼고 해결을 볼 수 없을 때, 우리는 그리스도라는 법을 따르면 해결이 된다. 그것이 바로 사랑이라는 법이다. 예수님은 법을 폐지하시는 분이 아니라 완성하시는 분이시다. 예수님은 안식일을 폐지하고 지키지 않는 분이 아니라 그 안식일을 완성시키시는 주인이시다. 그래서 모세에게 주신 언약의 하이라이트는 법인데 영적인 하나님의 나라에서는 예수 그리스도가 법이 되신다.

이 법 되시는 그리스도가 성경을 여는 키워드가 된다.

다윗과 맺은 언약

"그는 내 이름을 위하여 집을 건축할 것이요 나는 그의 나라 왕위를 영원히 견고하게 하리라 나는 그에게 아버지가 되고 그는 내 아들이 되리니"삼하7:13,14

"네 집과 네 나라가 내 앞에서 영원히 보전되고 네 왕위가 영원히 견고하리라 하셨다 하라 나단이 이 모든 말씀들과 이 모든 계시대로 다윗에게 말하니라"삼하7:16,17

하나님은 가나안 땅에서 다윗과 왕권으로 언약을 맺는다. 이 언약이 이루어지기 위해 어떤 조건이 필요하다고 말씀하시지 않고 일방적인 하나님의 축복이 임하는 언약이다. 그러나 죄를 범하지는 말라고 경고하신다. 하지만 죄를 범한다고 하여도 솔로몬에게서 은총을 빼앗지는 않고 채찍질만 하시겠다고 말씀하신다. 사울에게서는 왕권을 빼앗으셨는데 솔로몬에게는 채찍질은 하시겠지만 왕권을 빼앗지 않으시겠다는 말씀이었다.

이제 나라가 이루어지기 위한 마지막 언약이 체결된다. 백성도 있고 땅도 있고 법도 준비되었는데 그 나라에 필요한 왕이 세워지는 순간이다. 다윗과는 그 왕권이 견고하게 흔들리지 않도록 주님이 언제나 함께 하시겠다는 약속이다.

그럼에도 불구하고 다윗의 왕권은 끝이 났다. 그 나라는 영원하지 않았고 왕의 위치도 영원하지 않았다. 그렇다면 하나님의 나라에서 이 왕은 누구인가? 그분이 바로 그리스도이시다. 다윗의 왕권은 비록 끝이 났지만 그리스도의 왕권은 견고하여 흔들리지 않을 것이다. 세상의 왕은 사랑과 공의로 다스리지 못하지만 그리스도의 왕권은 사랑과 공의로 영원할 것이다. 성경을 해석하는 또 하나의 다른 키워드는 왕이라는 단어이다. 성경이 풀리지 않을 때, 이 왕의 개념으로 풀어나가면 성경이 풀린다.

성경이 활짝 열리기를 원한다면 그리스도를 키워드로 생각하고 읽어 내려가시기를 바란다. 땅이 되신 그리스도, 씨가 되신 그리스도, 법이 되신 그리스도, 왕이 되신 그리스도가 성경의 주인공이기 때문에, 그 키워드로 성경을 풀게 되면 풀리지 않는 성경본문들이 풀린다. 이것이 구속사적으로 성경을 여는 핵심 키워드이다.

그러므로 그리스도에게 초점을 두자

지금까지 그리스도가 성경을 여는 키워드라는 것에 관심을 모았다. 예루살렘을 떠나 엠마오로 내려가던 제자들의 마음이 뜨거워진 것도 그들에게 예수님이 성경을 풀어주실 때에, 그 안에서 그리스도의 생명을 만났기 때문이다. 생명은 엠마오에서 예루살렘으로 올라가게 하는 능력과 힘을 주었다. 생명은 거슬러 올라간다. 어떤 것도 두려워하지 않는다.

성경을 읽을 때에 많은 성경인물들이 나오지만 사실 그 인물들의 좋은 점, 선한 점, 배울 점을 가르쳐 주려고 그들이 성경에 등장하지 않는다. 우리가 성경에서 만나야 할 분은 바로 그리스도이시다. 그리고 그분이 다스리는 하나님의 나라이다.

모세도 훌륭하고 다윗도 훌륭하지만 하나님의 손길, 하나님의 마음, 하나님의 섭리가 더 깊고 높다. 우리는 성경 인물들이 가지고 있는 모범을 찾기 위하여 성경을 여는 것이 아니라 우리가 누구를 믿어야 할까를 발견하기 위하여 성경 안으로 들어간다. 이 성경에는 놀라운 드라마가 나온다. 하나님께서 직접 이끌어 가시는 세계적이며 우주적인 구속의 드라마가 바로 그것이다. 이 드라마의 주연은 그리스도이시고, 성경인물들은 그리스도라는 주연을 돕는 조연이며, 그 나머지들은 소품에 지나지 않는다.

우리는 요나의 이야기를 읽으면서 큰 물고기에 집중하고, 삭개오를 읽으면서 돌무화과뽕나무로 예전에는 번역 나무에 관심을 가진다. 그리고 가나의 결혼잔치를 읽으면서는 물이 포도주로 변한 것, 하인의 순종에 온 관심을 모은다. 그러나 이것은 단지 소품에 지나지 않는 것들이다.

사탄은 우리가 그리스도를 보지 못하고 조연이나 소품에 관심을 쏟게 한다. 그리고 성경인물들이 가지고 있는 훌륭한 점에 마음을 모으게 한다. 그러므로 성경인물들이 우리의 우상이 되게 하고, 그 사람들을 닮아가려는 노력을 하게 만든다. 하지만 결코 우리는 그런 위대한 사람이 되지 못한다. 왜냐하면 그 인물들이 그런 인물들이 된 것은 본인들의 공로가 아니고 하나님께서 귀한 구속의 손길로 만들어 가셨기 때문이다. 하나님의 손길이 만져주지 않았다면 결코 그들도 그런 사람이 될 수가 없었다. 우리의 관심은 그들을 작품으로 만들어 가신 하나님, 그리스도에게 두어야 한다. 그래서 성경에서 우리는 모범을 찾으려고 하는 것이 아니라 그리스도를 찾고, 그리스도를 통한 구원의 역사를 찾아나간다. 이것이 구속사로 성경을 보는 것의 핵심이다. 학문적으로는 모범화moralizing 하지 않고 신학화theologizing 한다고 표현한다.

앞으로 구속사를 여는 칼럼에서 많은 부분을 다루게 될 것이다. 만일 사무엘상에서 한나를 읽는다고 해도 마찬가지로 적용이 된다. 우리가 배워야 할 것은 그녀의 기도가 훌륭한 것이 아니라 그녀의 기도를 사용하여 구속의 역사를 이끌어 가시는 하나님의 간섭하심이다. 한나처럼 기도하는 여자는 기도원에 가면 얼마든지 있다. 아니 더 깊이 기도하는 사람들이 많을지도 모른다. 한나를 통해 기도의 모범을 찾게 하시는 것이 아니라 그 기도를 사용하셔서 역사를 이끌어 가시는 하나님의 주권을 보게 하시는 것이다.

또한 다윗과 요나단도 그들의 우정만을 보아서는 안 된다. 그런 우정이라면 한국에도 얼마든지 있다. 만일 우정만 배운다면 이것이 성경을 모범화하게 된다. 다윗과 요나단에서 우정이라는 좋은 모범을 찾았기 때문이다. 그러나 구속사적으로 성경을 읽게 될 때에는 다윗과 요나단의 우정을 통하여 하나님이 앞으로 그리스도가 오실 씨의 보호를 하고 계심을 보게 된다. 그래서 더 큰 구속의 역사를 이끌어 가시려고 하는 하나님의 간섭을 보아야 한다.

성경은 무엇을 하여야 구원을 받는다고 하지 않는다. 구원을 받았기 때문에 열매로 무엇인가를 할 수 있게 된다고 말한다. 그래서 부자 청년이 "무엇을 하여야 영생을 얻으리이까?"라고 질문한 것은 질문부터 잘못된 것이다. 무엇을 하여야 영생을 얻는 것이 아니라 믿어야 영생을 얻는 것이다. 그리고 믿어서 영생을 얻으면 자연히 삶의 열매는 맺어지게 된다. 구속사는 바로 무엇을 함으로 모범을 찾는 것이 아니라 믿음으로 열매를 맺은 삶의 드라마를 보여주고 있다.

그렇기 때문에 구속사의 핵심적인 관점은 우리가 모두 그리스도의 십자가로 구원을 받아야 하는 존재라는 사실이다. 구속사에서의 우리들의 고백은 너도 나도 모두 죄인이며 부족한 존재이며 하나님이 간섭하지 않으면 아무 것도 아니라는 것이다. 모두에게 그리스도의 도움이 절대적으로 필요하다고 고백하는 것이 바로 구속사의 핵심이다. 그런 부족한 자들, 구원이 필요한 자들을 위하여 하나님은 그리스도를 보내주셨고, 그분을 통하여 구원의 드라마를 이끌어 가신다. 그리스도를 통하여 계시되는 하나님의 사랑, 은혜, 거룩함이 구속사에서 찾아야 할 보화, 보물들이다. 우리가 구원을 받을 만한 자격이 있어서가 아니라 여전히 성실하게 그 자리에 서 계시는 그리스도의 언약으로 인하여 우리에게 소망이 있게 된다. 구속사를 여는 칼럼을 읽으면서 이런 보화를 찾을 수 있기를 기도한다.

제1부

구속사를 여는 윤남옥 칼럼

윤남옥 목사는,

『나는 그들의 하나님이 되리라』
교재를 출판하고(1992년)
구속사적 성서연구 세미나를 시작했으며(1992년)
브라이드영성훈련을 시작했습니다(1997년).
그 후 『나는 그들의 하나님이 되리라(구약편)』을
출판했고(2009년)
지금까지 36권의 저서를 출판하고,
3권의 역서를 냈습니다(2011년 현재).

태초에 하나님이 천지를 창조하셨다

"태초에 하나님이 천지를 창조하시니라"(창 1:1)

태초에 하나님이 천지를 창조하셨다. 하나님이 천지를 창조하셨다는 것이 열리지 않으면 성경 전체가 열리지 않는다. 창세기 1장은 어떻게 세상이 창조되었느냐에 관심을 가지지 않고 누구에 의하여 세상이 창조되었고 시작되었는가에 초점을 맞춘다. 이것이 히브리 민족의 독특한 신관이다. 그 당시 중동에는 이러한 창조주 하나님에 대한 신앙고백이 없었다. 중동설화에서는 유有에서 유有로 만들어진 신들을 말하고 있지만 무無에서 유有를 만들어내시는 하나님에 대한 신앙고백은 가지고 있지 않았다. 그런데 히브리 민족은 창조주 하나님에 대한 신앙고백으로 성경을 연다. 어떻게 이럴 수가 있을까? 그것은 바로 성경의 말씀이 계시에 근거한 말씀이기 때문이다. 하나님은 그들에게 당신만이 영원부터 영원까지 스스로 존재하는 하나님이심을 계시하여 주셨다. 히브리 민족이 스스로 성경을 조작해내지 않았다는 것이 바로 여기에서 입증된다.

모세가 하나님의 이름을 아뢰었을 때 하나님은 당신을 이렇게 계시하셨다.

> "하나님이 모세에게 이르시되 나는 스스로 있는 자이니라 또 이르시되 너는 이스라엘 자손에게 이같이 이르기를 스스로 있는 자가 나를 너희에게 보내셨다 하라"출 3:14

스스로 존재한다는 말은 영어로 'I am that I am' 혹은 'I shall be that I shall be' 이다. 이 말은 하나님만이 쓰실 수 있는 이름이다. 그분은 스스로 존재하셨고, 스스로 완전하셨고, 그분이 존재할 때 어느 누구의 도움도 필요하지 않으셨다. 그분은 알파요 오메가요 처음과 나중 되시는 분이시다.

사도 요한은 이러한 하나님을 증거하고 있다. 그래서 "태초에 말씀이 계시니라"요 1:1라고 선포하면서 요한복음을 연다. 요한만이 예수 그리스도를 삼위일체의 한 분이신 하나님으로써의 명칭으로 부른다. 이 이름을 사용하실 수 있는 분은 하나님이신 예수 그리스도 밖에 안 계신다. '나는 … 이다' 라고 선포하는 것은 창조주 하나님의 자기 선언이다. 예수님은 요한복음에서 이 신적 선포를 계속 하고 계신다. 그래서 요한복음을 신약의 창세기라고 명명하는 분들도 있다. 사도 요한은 그분이 하나님이시라는 것을 만천하에 알리고 있으며, 그분이 스스로 존재하시는 하나님, 곧 삼위일체의 하나님의 한 분이심을 과감하게 선포하고 있다.

나는 말씀이다.[요 1:1]

나는 생수다.[요 4:14]

나는 생명의 떡이다.[요 6:35]

나는 세상의 빛이다.[요 8:12]

나는 양의 문이다.[요 10:7]

나는 부활이요 생명이다.[요 11:25]

나는 길이다, 진리다, 생명이다.[요 14:6]

나는 참포도나무다.[요 15:1]

하나님의 호흡을 그 코에

"여호와 하나님이 땅의 흙으로 사람을 지으시고 생기를 그 코에 불어 넣으시니 사람이 생령이 된지라"(창 2:7)

하나님은 사람을 땅의 흙에서 만들어내셨다. 먼저 흙을 창조하시고 그 흙을 빚어서 사람을 만들어주셨다. 사람은 이렇게 흙에 지나지 않고 먼지에 지나지 않는다. 그런데 이 먼지를 넘어서는 일을 주님께서 하신다. 그것은 하나님의 형상대로 인간을 만들어주신 것과 하나님의 호흡을 인간에게 넣어주신 것이다.

하나님의 형상으로 만드신 것은 하나님을 대면하여 살 수 있게 하기 위함이다. 하나님의 형상은 하나님을 닮은 것을 의미한다. 하나님의 형상을 우리 인간에게 찍어 넣어주신 것이다. 마치 로마의 화폐에 가이사의 얼굴이 들어가 있었던 것처럼, 사람에게는 하나님의 형상을 넣어주셨다. 그래서 사람은 하나님의 화폐이기도 하다. 예수님은 가이사의 것은 가이사에게, 하나님의 것은 하나님에게 돌려드리라고 했는데 유대문화로 이해한다면 하나님의 것은 하나님의 형상이 들어간 사람을 의미한다. 가이사에게는 돈으로 세금을 내지만 하나님에게는 사람으로 세금을 낸다. 우리는 하나님에게 온전하게 드려지는 존재여야 한다.

하나님의 형상은 지적으로, 정서적으로, 영성적으로, 도덕적으로, 사회적으로, 정치적으로, 예술적으로 닮은 것을 의미한다. 또한 도덕성을 넘어서는 거룩함과 그분의 자비와 사랑도 포함된다. 사람이 흙을 뛰어넘는 사건은 바로 하나님의 형상으로 지음을 받았다는 사실인데, 이렇게 됨으로써 사람은 비로소 하나님을 대면하고 하나님에게 낯을 돌릴 수가 있게 되었다. 흙으로 만들어진 인간이 그 거룩한 분을 대면하여 바라볼 수 있게 된 것이다.

또한 인간이 흙을 뛰어넘은 사건은 바로 하나님의 호흡을 부여받는 사실에 있다. 하나님은 호흡을 인간에게 넣어주셔서 생령이 되게 하셨다. 세상에서 가장 가까운 관계가 어떤 관계일까? 부모와 자녀사이? 부부사이? 친구사이? 그런 사이는 친밀한 관계, 밀접한 관계일 뿐이다. 하나님의 호흡을 나눈 자들은 하나님과 절대적인 관계를 가지는 자들이다.

하나님의 호흡은 거룩한 바람, 혹은 성령을 상징한다. 하나님은 인간에게 당신의 호흡을 무상으로 빌려주셨다. 하나님이 이 호흡을 거두어 가시는 때에는 우리는 어떤 것도 주장할 수 없다. 인간이 인간일 수 있는 것은 이 호흡을 청지기 할 때뿐이며, 하나님께서 허락하신 그 시간 안에서만 가능하다. 이 호흡은 하나님의 것이며 만들어낼 수도 없고 어디에 가서 살 수 있는 것도 아니다. 사람은 땅의 흙으로 만들어졌지만 생령이 될 수 있었던 것은 하늘로부터 온 거룩한 바람, 하나님의 호흡 때문이다. 그래서 사람은 땅과 하늘로 이루어진다.

하나님이 태초에 천지, 곧 하늘과 땅을 창조하셨는데 인간 역시 하늘과 땅으로 이루어졌다. 인간은 소우주이다. 하나님은 인간을 하늘과 땅으로 만드시고 물을 허락해 주셨다. 그리고 그 물 안에 소금을 넣어주셨다. 인간 안에 소우주가 들어가 있다. 바람과 하늘과 물과 흙이 들어가 있다. 마치 우리 지구가 물과 하늘과 흙으로 이루어져 있는 것과도 같다. 이렇게 인간이 특별해질 수 있는 것은 흙으로 만들어진 인간에게 하늘의 선물을 주셨기 때문이다. 첫째는 하나님의 형상이요, 둘째는 하나님의 호흡이다.

그가 하시던 일을 일곱째 날에 마치시니

"하나님이 그가 하시던 일을 일곱째 날에 마치시니 그가 하시던 모든 일을 그치고 일곱째 날에 안식하시니라 하나님이 그 일곱째 날을 복되게 하사 거룩하게 하셨으니 이는 하나님이 그 창조하시며 만드시던 모든 일을 마치시고 그날에 안식하셨음이라"(창2:2,3)

우리는 흔히 하나님께서 6일 동안 열심히 세상을 창조하시고 난 후 일곱째 날에 쉬셨다고 믿는다. 그러나 성경에는 그분이 "하시던 일을 일곱째 날에 마치셨다."라고 선포하고 있다. 아니? 그런 말씀이 성경에? 그렇다. 있다. 성경에 그렇게 기록하고 있다. 하지만 우리는 6일 동안 모든 것을 창조하시고 일곱째 되는 날에 하나님이 쉬신 것으로 알았다. 그렇게 배워왔기 때문에 성경을 여러 번 읽어도 이 부분을 지나쳐 왔던 것이다. 하지만 성경은 분명하게 그분이 하시던 일을 일곱째 날에 마치셨다고 기록하고 있다. 여섯째 날에 마치신 것이 아니라 일곱째 날에 마치신 것이다.

하나님은 그 일곱째 날에 무슨 일을 하신 것일까? 세상을 6일 동안 창조하신 것으로도 모자라 무엇이 부족하였단 말인가? 부족한 것이 있으니까 하나님은 그 부족한 것을 더 창조하시고 일을 마치신 것이다. 그렇게 해서 그가 하시던 일을 일곱째 날에 마치신 것이다.

“창조의 6일이 지났어도 우주에는 아직도 무엇인가가 부족하게 되어 있었다. 그것이 메누하쉼이다. 안식일이 다가오자 메누하쉼가 왔고 그래서 이 우주는 완성되었다”아브라함 죠수아 헤셀의 『안식일』 33쪽

제7일까지도 창조행위는 계속되었다. 그리고 하나님은 그날 안식을 창조하셨다. 주님이 6일 동안 열심히 일하실 동안에는 창조할 수 없는 것이 안식이다. 그 안식은 세상 만물을 다 만드시고 마지막으로 창조하신 것이다. 공간이 있다고 하여도 쉼이 없다고 한다면 그것은 완성품이 될 수가 없다. 모든 것을 가졌다고 하여도 안식쉼이 없다면 그 인생은 완성될 수가 없다. 공간에 없는 것, 소유하는 것으로 얻을 수 없는 것, 쉼이다. 메누하는 “쉴만한”이라는 뜻이다.

그런데 그날, 그 시간을 하나님은 복 주시고 거룩하게 하셨다. 하나님이 제일 먼저 거룩하게 성별한 것은 시간이다. 그날을 복주시고 거룩하게 하신 후, 하나님은 안식으로 들어가셨다. 그러므로 이 안식은 하나님의 복과 거룩을 기초로 해서 얻어지는 안식이다. 단순히 일로부터 물러나는 안식이 아니라 하나님의 복과 거룩을 누리는 안식이다. 그 안에 진정한 쉼이 있고 구원이 있다. 하나님은 구원에 들어가지 못할 자를 안식에 들어가지 못할 자라고 말씀하셨다. 구원과 안식을 동일하게 보신 것이다. 세상에 모든 것이 존재하지만 하나님이 복과 거룩에 기초해서 누리게 하시는 안식이 없다면 그것은 아무것도 아니다. 그러므로 성경에 나오는 안식은 일하기 위해 쉬는 것

이 아니라 이 안식 자체가 인생의 목적이다. 우리는 제7일에 쉬기 위하여, 하나님의 품에서 쉬기 위하여 6일을 열심히 일한다. 이 안식은 창조적 안식, 능동적 안식, 영원을 여는 안식이다.

* 이 부분에 대하여 더 읽기를 원하는 분에게는 다음 두 가지 책을 권한다. 아브라함 죠수아 헤셸의 『안식일』, 윤남옥의 『나는 안식과 결혼하였다』메누하

나는 안식일의 주인이다

"내가 너희에게 이르노니 성전보다 더 큰 이가 여기 있느니라 나는 자비를 원하고 제사를 원하지 아니하노라 하신 뜻을 너희가 알았더라면 무죄한 자를 정죄하지 아니하였으리라 인자는 안식일의 주인이니라 하시니라"(마 12:6-8)

유대에 이런 비유가 있다.

안식일은 외로운 날이었다. 이것은 아들 칠 형제를 둔 임금에 비교할 수 있다. 아들 여섯에게는 각각 재산을 나누어주고 제일 막내에게는 고귀한 신분과 또 왕자의 특권을 주었다. 평범한 사람들인 여섯 형들은 짝을 만났으나 고귀한 신분의 막내는 짝을 만나지 못했다. 랍비 시므온이 말한다. 창조의 일이 모두 마친 후에 제7일이 탄원하였다. "온 우주의 주재시여 당신이 창조하신 만물은 모두 쌍쌍입니다. 주 중의 모든 날들이 제 짝을 가지고 있습니다. 오직 저만은 혼자입니다." 그러자 하나님이 대답하셨다. "이스라엘 공동체가 네 짝이 되리라." 그래서 하나님은 "안식일을 기억하며 거룩히 지키라."출20:8고 시내산에서 말씀하신다. 거룩하게 하다는 뜻의 히브리어 '레-카데쉬'는 탈무드의 언어로 한 여인을 성별하는 것, 약혼시키는 것을 의미한다. 따라서 시내 산에서 들은 이 말씀의 의미는 이스라엘 백성이 거룩한 안식일의 신랑이 되는 것이다. 즉 제7일을 아내로 맞아들이라는 명령이다. 아브라함 조수아 헤셀의 『안식일』, 67쪽

그렇다. 제7일을 거룩하게 지켜야 한다. 하나님은 그날에 복을 주셨고 거룩하게 하셨다. 그렇다면 우리가 현재 제7일을 지키지 않고 주일에 예배드리는 것에 대하여 어떻게 설명해야 할까? 우리도 제7일, 곧 토요일에 예배를 드리고 그날을 지켜야 하는 것이 아닌가?

유대교의 안식일은 지키는 날이다. 쉬라는 명령을 지키는 날이다. 그날 일을 하면 안 된다. 그래서 안식일만을 위한 새로운 법들을 만들었고 바리새인과 서기관들은 그 법을 지키지 않으면 안식일 법을 범했다고 말한다. 안식일에 밀밭 사이로 제자들과 함께 걸어가시던 예수님의 제자들이 배가 고파서 이삭을 잘라 먹어 바리새인들의 반격을 받았다.

하지만 예수님은 내가 안식일의 주인이라고 말씀하시면서 안식일은 안식일의 주인을 만나고 교제하고 경배하는 날임을 선포하셨다. 그분이 없는 안식일은 주인이 없는 안식일과 같다. 우리 주님은 안식일에 일을 하지 말라고 하신 것이 아니라 쉼을 누리라고 말씀하셨다. 우리 주님이 주시는 안식은 일하면서도 쉬고, 쉬면서도 쉼을 누리는 능동적 안식이다. 단순히 일로부터 물러나는 안식이 아

니라 주님과 교제하면서 누리는 영원한 쉼을 의미한다. 예수님이 없는 날은 쉼이 없다. 어느 날이고 그분 안에서 쉼을 누리는 날이 안식일이다. 그래서 필자는 율법적 안식일과 복음적 안식일을 구분한다. 복음의 주인이신 그리스도가 빠진 안식일은 참 안식일일 수가 없다.

율법적 안식일이 필요하지 않다는 말이 아니라 그날을 완성하신 복음적 안식일에 우리가 들어감으로 거룩함에 이를 수 있다. 그분과 대면하고 교제하는 날에 우리는 거룩하게 된다. 그 거룩이 기름 부음처럼 우리에게 흘러들어온다.

선악을 알게 하는 나무의 열매

"여호와 하나님이 그 사람에게 명하여 이르시되 동산 각종 나무의 열매는 네가 임의로 먹되 선악을 알게 하는 나무의 열매는 먹지 말라 네가 먹는 날에는 반드시 죽으리라 하시니라" (창 2:16,17)

동산 중앙에는 생명나무도 있었고 선악을 알게 하는 나무도 있었다. 마치 누구나 보도록 하기 위하여 계획적으로 동산 중앙에 심어진 것처럼 느껴진다. 이 나무로 인하여 하나님은 안식을 잃어버리셨고 패역해진 인간을 구원하기 위한 발 빠른 구원의 역사를 시작하신다. 왜 이 나무를 만드셔서 인간사를 이렇게 복잡하게 만드셨을까?

선악을 알게 하는 나무는 도덕적인 나무이다. 선악善惡은 도덕의 주제이기 때문이다. 하나님은 도덕적인 문제에 사람들이 개입하기를 원하시지 않고 생명을 바라보기를 원하셨다. 도덕이 사람에게 생명을 줄 수 없기 때문이며 도덕은 갈등을 만들어내기 때문이다. 도덕은 곧 생명 없는 종교, 지키기 위한 종교와도 같다.

그러므로 우리는 왜 이런 나무를 동산 중앙에 심어놓아 이브가 유혹받게 했느냐고 질문하기보다는 그 나무를 중앙에 심어놓은 하나님의 은총에 감사해야 한다. 이렇게 선악을 알게 하는 나무를 심어두신 것은 인간에게 선택할 수 있는 자유의지를 주신 것을 의미하며 인간을 꼭두각시처럼 사는 존재가 아니라 자유로운 존재로 만드셨다는 것을 의미한다. 사실 그 나무로 인하여 인간은 진정한 자유가 무엇인지 알게 된다. 자유는 방종이 아니라 어떤 주어진 한계 안에서 순종할 때만 가능하다는 것이다. 하나님은 당신의 것을 당신 뜻대로 사용하시는 자유가 있고 인간은 오직 순종할 때만 자유가 있다는 것을 알려주고 있다. 진정한 자유는 말씀 안에서의 자유, 그분 안에서의 자유이다.

그렇다. 선악을 알게 하는 나무는 우리를 살리기 위하여 세워주신 나무이다. 이 나무 앞에서 하나님의 명령에 순종하면 영원한 생명을 누리게 된다. 하나님의 말씀 자체, 그분이 이르시는 말씀, 명령은 곧 영생이기 때문이다. 하라는 것을 하면 사는 것이요, 하지 말라는 것을 하지 않으면 산다. 진정으로 자유하기를 원한다면 선악을 알게 하는 나무의 열매를 먹느냐 안 먹느냐가 중요한 것이 아니라 순종이 중요하다.

"살리는 것은 영이니 육은 무익하니라 내가 너희에게 이른 말은 영이요 생명이라" 요 5:63

"나는 그의 명령이 영생인 줄 아노라" 요 12:50

하나님은 명령에 순종함으로, 자유를 누리고 생명을 누리기를 원하셨다. 선악을 알게 하는 나무의 열매 앞에 선 인간은 죽음과 생명을 선택하는 기로에 서 있게 된다. 열매를 먹기 전 그들은 순종을 선택해야 하며, 먹지 말라는 명령에 순종하는 것이 자신들이 사는 길임을 알아야 한다. 선악을 알게 하는 나무는 인간에게 진정한 자유와 생명이 어디 있는지 가르쳐주는 나무이다. 그것을 먹지 말라. 그것은 도덕이다. 선과 악이다. 이것을 먹는 자마다 선하게 살기도 하고 악하게 살기도 할 것이다. 그러나 어떻게 살든지 그 종말은 죽음이다. 도덕은 살리는 힘이 없기 때문이다.

그는 구백육십구 세를 살고 죽었더라

"므두셀라는 백팔십칠 세에 라멕을 낳았고 라멕을 낳은 후 칠백팔십이 년을 지내며 자녀를 낳았으며 그는 구백육십 구세를 살고 죽었더라"(창 5:25-27)

하나님께서 선악을 알게 하는 나무의 실과를 먹으면 "너는 정녕 죽으리라."라는 명령에 따라 인류는 죽게 되어 있다. 그리고 창세기 5장을 보니 족보가 나오는데 그 족보에 가장 많이 나오는 것이 "몇 세에 죽었더라."이다. 죽었더라. 죽었더라. 모두가 죽었다. 그 가운데 므두셀라도 죽었다. 그는 그 족보 가운데 가장 오래 살았고 969세까지 살았다.

놀라운 것은 969세까지 나이를 어떻게 세고 살았는가이다. 정말 신기하다. 그때까지 어떻게 나이를 기억하고 자신의 나이가 얼마인지 어떻게 알았을지 궁금하다. 시골 교회에 가서 노인 어른들에게 나이를 물어보면 본인은 정작 모르시는 분이 많다. 90을 넘으면 아예 나이도 안 세고 사시는 분들이 많다. 그래서 옆에 앉아있는 며느리들이 몇 세라고 알려준다. 나이가 워낙 많이 들면 나이를 세는 것도 귀찮아진다. 살만큼 살았기 때문이다.

그런데 창세기 5장에는 그 모든 나이들이 상세하게 기록되어 있다. 성경 기자는 여기에서 그들이 죽었다는 것을 강조하고 있는 것이다. 아무리 그들이 천년을 살 것 같아도 결국은 죽었다는 것을 강조하고 있다.

이제 인생에는 죽음이 당연한 것이며 그 죽음으로부터 자유로운 자는 아무도 없다는 것을 배우게 된다. 인류의 역사는 반복되는 죽음의 역사이다. 그래서 창세기 5장은 죽음의 족보, 죽음으로 치닫는 족보이다. 그 족보에는 죽음의 피가 흐르고 있다. 이 족보를 보면 우리는 하나님의 심판의 현실성, 그의 공의의 현실성을 보게 된다. 하나님은 우리가 죽을 것이라고 하는 약속을 지키셨다.

그러나 이 족보를 가만히 보면 놀랍게도 한 사람, 하나님과 동행하던 에녹은 죽음을 보지 않고 하늘로 직접 데려감을 받았다는 사실을 발견하게 된다. 죽음의 족보에서 죽지 않은 유일한 자의 기록이 포함되어 있는 것이다. 이 얼마나 놀라운 사실인가?

하나님은 죽을 운명에 처한 사람들을 위해서 항상 살 길, 구원의 길을 준비하고 계시다. 그러므로 우리가 지나치지 말아야 할 것은 노아의 홍수 때 얼마나 많은 인생이 죽었는가 하는 것이 아니라 하나님이 어떻게 살 길을 마련해 놓으셨으며, 그들에게 회개의 기회를 주시기 위해 얼마나 오래 기다리시고 참으셨는가를 보아야 한다는 것이다.

하나님은 여기에서도 이 족보가 죽음의 족보가 아니고 생명의 족보인 것을 보여주고 계신다. 바로 예수 그리스도를 통해서 우리를 생명으로 옮기시는 것이다. 죽음이 있는 곳에 예수님이 들어가시면 곧 그곳이 부활의 장소, 생명의 장소가 되며 죽음을 뛰어넘는 사건이 일어난다. 하나님이 개입하시면 그 죽음의 길이 생명의 길이 된다. 창세기 5장은 이와 같이 소생의 족보, 생명의 족보이다. 그리고 에녹을 살리신 하나님이 바로 우리의 하나님, 나의 하나님이시다.

하나님의 미래- 한 아기의 소식

"하나님이 이르시되 아니라 네 아내 사라가 네게 아들을 낳으리니 너는 그 이름을 이삭이라 하라 내가 그와 내 언약을 세우리니 그의 후손에게 영원한 언약이 되리라"(창 17:19)

하나님은 아브라함의 가정을 갈대아 우르에서 나오게 하시고 하란을 거쳐 가나안 땅까지 오게 하셨다. 아브라함이 하나님의 약속을 받고 떠났을 때 그의 나이는 75세였다. 그러나 지금은 99세의 노인이 되었다. 하나님과 아브라함이 맺은 언약의 내용은 땅과 후손에 대한 것이다. 아무 것도 없는 상태의 아브라함을 향해 하나님은 언약을 맺으셨다. 아브라함은 땅 한 평 없는 사람이었고 자녀가 없는 사람이었다. 그런 사람에게 하나님은 땅과 후손에 대한 약속을 하신다.

이렇게 하나님의 미래는 앞날이 불가능한 사람에게서 시작된다. 하나님 나라의 비전은 엄청난 것이지만 하나님은 이 무자無子한 아브라함의 가정을 통해 그의 미래를 이루려고 하신다. 그 당시 사람들에게 자녀가 없다는 것은 미래가 없다는 것을 의미했다. 그런데 하나님은 아기를 낳을 수 없는 여인, 사라를 통하여 하나님 나라의 큰 비전을 이루어 가시려고 한다. 그 사라가 65세 되었을 때에 하나님은 아들을 주신다는 약속을 하시고 25년을 더 기다리게 하신다.

하나님은 꼭 이런 방법을 통해서만 하나님 나라를 이루실 수 있었는가? 하나님답게 보다 나은 선택과 방법은 없었을까? 하나님 나라를 보다 쉽게, 보다 놀랍게 이룰 수 있는 방법은 없었을까? 그러나 하나님 나라는 이렇게 시작이 되었고 하나님은 그의 나라의 미래를 이 작은 아기에게 걸으셨다. 그 이유는 하나님 나라의 도래가 어느 인간에 의해서가 아니라 하나님에 의해서 이루어지는 것임을 증명하고, 하나님의 능력과 창조의 역사가 더욱더 드러나서 모두가 그분을 창조의 하나님으로 고백하도록 하기 위해서이다.

이같이 하나님은 작은 자들, 없는 자들을 들어서 그의 일을 이루어 나가신다. 전능한 하나님께서 초라하고, 힘없고, 연약한 배우들을 통해 구원의 역사를 이루어 나가신다. 하나님이 이러한 작은 배우들을 쓰시는 이유는 그들을 통해 하나님의 일하심이 극대화되어 드러나기 때문이다. 약한 자를 들어서 강한 자를 부끄럽게 하시는 것이 하나님의 일하시는 방법이다. 하나님이 하나님이 되고 싶으셔서 하나님은 작은 자들, 무능력한 자들, 없는 자들을 선택하신다. 도구로 사용되는 자들이 작으면 작을수록 하나님은 더욱 더 크신 자로, 힘이 없을수록 하나님은 더욱 능력 있는 자로 나타나신다.

말씀으로 무에서 유를 창조하시는 하나님은 능치 못할 일이 없으신 하나님이시다. 아브라함의 성실성이 아니라 하나님의 성실성이 구원의 역사를 이끌어간다. 그 작은 아기에게 하나님 나라의 미래를 거신 하나님이시라면 그분이 우리들의 삶에서도 그런 창조적 기적을 일으키실 것이다. 그러기 위하여 우리가 믿음을 역사하고 믿음의 발을 내디딜 때까지 하나님은 인격적으로 우리를 세워 가시고 성장시켜 주실 것이다. 작은 자를 통해 큰 창조의 역사를 이루시는 하나님을 찬양하자!

그가 나보다 옳도다

"유다가 그것을 알아보고 이르되 그는 나보다 옳도다 내가 그를 내 아들 셀라에게 주지 아니하였음이로다 하고 다시는 그를 가까이 하지 아니하였더라"(창 38:26)

창세기 38장에는 유다가 수치를 당한 장면이 나온다. 유다의 아들은 다말과 결혼하여 살다가 하나님께 악하게 보여 그의 목전에서 죽임을 당했다. 그래서 후손을 남기지 못하고 죽어 다말은 시동생 오난과 결혼을 하게 되는데 오난은 그의 형의 후손을 남기기를 원하지 않아 씨를 땅에 설정하였으므로창 38:9,10 하나님께서 그도 죽이셨다. 그러다 보니 막내아들 셀라만 남았는데 유다는 아들들이 다말과 결혼만 하면 죽게 된다고 염려하고 막내아들까지도 죽게 될까 걱정이 되어 다말을 친정으로 보내고 셀라가 크기까지 기다리라고 하였다창38:11. 유다는 셋째 아들을 다말에게 줄 생각은 전혀 없었다. 단지 유다는 가나안 여인인 다말이 수절할 수 있다고 믿지 않았고, 다른 남자와 결혼하게 될 것이며 그렇게 될 것을 믿었다. 그러나 다말은 수절하고, 친정아버지 집에서 유다가 오라고 할 때까지 기다렸다.

그 후, 친정에서 수절하고 기다리던 다말은 셀라가 장성하였어도 자신을 부르지 않은 시아버지를 길거리에 창녀 모습으로 앉아 있다가 유혹하여 같이 동침을 하게 된다. 그리고 임신을 하게 된다. 유다는 그 소식을 듣고 너무 잘 되었다고 쾌재를 부르면서 며느리를 불사르기 위하여 다말을 불러오게 한다창38:24.

이 내용을 모범적으로 이해하면 이 사건은 참으로 수치스러운 사건이라 강단에서 선포되지 않는 말씀이다. 이 사건에서 우리는 어떤 모범을 배울 수 있단 말인가? 많은 분들이 유다와 다말의 사건을 성경에서 지나쳐 버린다. 왜 갑자기 창세기 38장의 이야기가 삽입이 되어 시아버지와 며느리가 잠을 자고 아기를 낳은 이야기가 들어갔는지 이해가 되지 않기 때문이다. 적어도 한국 정서에는 덕德이 되지 않는 이야기다.

그런데 이 사건이야말로 아주 중요한 사건이다. 성경을 여는 핵심 키워드, 씨라는 단어로 해석하지 않으면 안 열린다. 하나님은 씨를 상당히 중요하게 생각하고 있었는데 오난은 그 씨를 설정해버린다. 씨는 생명이고 하나님이 구속의 역사를 이끌어가는 가장 중요한 목적이기도 하다. 물론 하나님이 오난을 기뻐하시지 않았다.

수절하고 기다리던 다말은 자신의 미래가 필요하였다. 여성에게 자손은 그들의 미래이기 때문이다. 그리고 유다의 약속을 믿었다.

다말의 행위는 덕이 되지 않지만, 그가 약속을 믿은 것은 "유다보다 옳았다." 다말은 행위로 보면 불살라 죽었어야 하는 사람이지만 그가 약속을 믿은 것으로 인해 살 길을 찾게 되었다. 그리고 선택된 유다지파에 씨를 안겨줌으로 예수 그리스도의 조상이 되는 축복을 받았다.

성경에서 모범을 찾는다고 한다면 유다와 다말처럼 부끄러운 모범은 없다. 하지만 이것을 우리는 신학화하여야 한다. 여기에서 하나님은 무엇을 말씀하고 계신가? 행위로는 모두가 죽을 수밖에 없다. 우리가 살 길은 언약을 믿는 것이다. 약속을 믿는 것이다. 다말은 약속을 믿었고, 그의 행위가 의롭다 여김을 받았다. 창세기 38장은 이런 의미에서 성경에서 가장 중요한 장이다. 이미 이 사건을 통해 "의인은 믿음으로 말미암아 산다."는 칭의가 선포되고 있기 때문이다.

산파들이 하나님을 두려워하여

"그러나 산파들이 하나님을 두려워하여 애굽 왕의 명령을 어기고 남자 아기들을 살린지라"
(출 1:17)

지금 애굽에서 무슨 일이 일어나고 있는가? 씨the seed를 죽이는 일이 자행되고 있다. 하나님은 400년 동안 이스라엘 백성을 애굽에 보내어 어떤 일을 하시려고 하는가? 척박한 가나안으로부터 이들을 기름진 땅 고센으로 옮겨서 이스라엘을 창대케 하려는 일을 하시고 계시다. 결국 애굽은 그러한 하나님의 목적에 부합한 자궁의 역할을 한 것이다. 그런데 지금 이스라엘 민족이 400년이 지난 후 생육이 중다하고 번식하고 창성하고 심히 강대하여 온 땅에 가득하게 되었다출 1:7.

이렇게 창성한 이스라엘 민족에 대하여 바로 왕은 두려움을 가지기 시작했다. 그래서 자신의 나라의 안정을 위하여 그 위험한 대상을 제거할 생각을 가진다. 그러기 위하여 태어나는 남아들을 죽이고 어른들은 극심한 노동 속으로 몰아갔다. 즉 말살정책과 노예정책을 강화한 것이다. 결국 이것은 이스라엘을 복주시고 위대한 하나님의 나라를 이루시려는 하나님께 대한 악한 도전이 되었다.

그러한 가운데 애굽 왕은 히브리 산파들에게 남자아기를 낳으면 그 자리에서 죽이고 여아는 살려두라고 명령했다. 원래 산파는 산모와 아기의 생명을 보호하기 위해 사명을 받은 사람이다. 생명을 보호하기 위하여 존재하는 산파에게 생명을 죽이는 일이 맡겨졌다. 그 죽이는 대상도 이제 막 세상에 태어나는 힘없고 무기력한 아이들, 방어할 힘이 없는 아기powerless babies들이었다. 가장 힘없는 여인들powerless women에게 잔인한 명령이 주어졌다.

그러나 이 여인들은 무엇을 선택하였는가? 생사가 걸린 결단이 그 여인들에게 선택되어진다. 그들은 이때 하나님을 선택하였다. 바로 왕보다는 하나님을 더 두려워했기 때문이다. 가장 힘없는 여인들 뒤에는 가장 힘 있는 존재, 곧 하나님이 계셨다. 그들은 바로보다 더 큰 하나님의 권위에 순종했다. 바로의 권위 저편에 서 계시는, 또한 바로의 권위를 넘어서는 하나님께 순종했다.

산파들의 그러한 결단에는 중요한 의미가 있다. 먼저, 그들은 사람의 생명은 하나님께 속한 것이며 자신들에게는 생명을 보호할 힘만 있을 뿐, 죽이고 살리는 권한은 없다고 고백한 것이다. 이렇게 하나님은 생명의 주인이심을 고백하고 있다. 그리고 또한 그들은 바로보다 하나님을 더 두려워하면서 모든 역사를 이끌어 가시는 분은 바로가 아니라 하나님이시며 역사의 하나님이심을 선포하고 있다.

그러므로 바로가 여인에게 당한 것이 아니라 그 여인들을 사용하셔서 강한 자를 부끄럽게 하시는 하나님에게 패한 것이다. 하나님은 그 백성들과 맺은 언약을 기억하고 계시며 꼭 지키신다. 하나님이 하시는 일에 바로가 방해할 수 없으며 하나님이 하시는 일을 어느 누구도 막을 수가 없다. 하나님은 어떠한 상황에서도 살 길, 생명의 길을 마련하시는 분이시다. 그분이 아브라함에게 씨가 창대해질 것을 약속했기 때문이다. 그런데 생명을 보호해야 할 산부인과 의사들이 생명을 함부로 죽이는 것에 대하여 우리는 무엇이라고 말할 수 있을까? 하나님이 하셔야 하는 일에 자신들이 어떤 권한을 가지고 그렇게 할 수 있단 말인가?

은혜를 입으면 이삭을 줍겠나이다

"모압 여인 룻이 나오미에게 이르되 원하건대 내가 밭으로 가서 내가 누구에게 은혜를 입으면 그를 따라서 이삭을 줍겠나이다 하니 나오미가 그에게 이르되 내 딸아 갈지어다 하매" (룻 2:2)

룻의 이야기는 너무나 잘 알려져 있는 이야기이다. 이 룻의 이야기는 효부의 예로 사용되었던 말씀이다. 하지만 이 말씀은 단순하게 룻이라는 효부를 소개하려는 이야기는 아니다. 룻과 욥과 요나는 이스라엘을 풍자하는 내용을 담고 있는데 룻 역시 국제결혼을 엄격하게 금지하고 있는 유대 개혁주의에 대하여 반발하고 나선 글이기도 하다. 이스라엘의 하나님은 피의 순수성을 강조하시는 분이 아니라, 믿음의 순수성을 강조하고 계시는 분으로, 그 사람이 모압 사람일지라도 하나님의 말씀을 믿고 같은 신앙으로 고백하면 하나님의 백성으로 받아주시는 분이라는 점을 강조하고 있다.

사실 엘리멜렉이 모압으로 간 것은 기근을 피하여 간 것이 아니라 하나님의 언약을 떠나 간 것이라고 볼 수 있다. 유대 땅을 버린 것이 아니라 하나님의 언약을 버린 것이었다. 그러나 이제 두 여인은 하나님의 언약을 향하여 유대 땅에 돌아온다.

이제 소망 없는 이 두 과부가 유대 땅에 와서 할 수 있는 일은 무엇이었을까? 그 두 과부는 먼저 하나님의 약속의 말씀을 붙잡는다. 과부나 나그네나 외국인들을 위하여 추수할 때, 이삭도 다 거두지 말고 포도도 다 따지 말라는 하나님의 명령을 붙잡는 것이다. 이삭을 주워서 얼마나 먹고 살 수 있겠는가? 그러나 이 두 여인은 하나님의 작은 약속을 붙잡고 이삭을 주우러 나간다. 모압으로 갈 때, 그들이 말씀을 버렸다고 한다면 이제 그들은 전적으로 하나님의 약속만을 붙잡는다레 19:9,10. 아주 작은 약속이지만 그들에게 허락된 약속, 그래서 이삭을 주우러 나간다.

그곳에서 룻은 보아스를 만나게 되었고, 그의 인생은 전격적으로 바뀌게 된다. 모압에서는 가족들이 죽었고, 가난했고, 슬펐고 어두웠다. 그런데 이곳에서 작은 하나님의 약속을 붙잡았을 때, 하나님은 그들에게 놀라운 길을 열어주셨다. 보아스를 만나고 난 뒤, 부요해졌고, 생명을 낳았고, 웃음을 찾았다.

구속사적으로 이 글을 읽을 때, 단지 시어머니를 공양하는 효부 룻이라는 관점에서 읽어서는 안 된다. 그리고 첫째 며느리와 둘째 며느리가 효성이 달랐다는 것을 강조해서도 안 된다. 이 글은 언약을 붙잡고 하나님을 바라보며 나아가는 두 여인의 이야기로부터 출발해 그들이 예수 그리스도의 조상이 되는 이야기가 담겨 있다.

그들은 한 때, 양식을 위하여 하나님의 약속을 떠나 살았다. 하지만 그 때에도 양식을 찾아 모압에 갈 것이 아니라 하나님을 바라보아야 했고, 언약을 붙잡아야 했다. 어떤 상황이라도 주님의 말씀을 붙잡아야 했다. 그리고 이제 그들은 깨달았다. 이제부터는 작은 약속일지라도 붙잡고 하나님을 바라보아야 함을 알아차린 것이다.

하나님은 성실하셨다. 가장 작은 약속이지만 하나님만을 바라보았을 때, 그들의 모든 인생을 책임져주었다. 룻은 남편을 얻었고, 아기를 얻었고, 부를 얻었고, 또한 기쁨을 얻었다. 구원의 역사가 이 가정에 풍성하게 임한 것이다.

한나가 통곡하고 기도하다

"한나가 마음이 괴로워서 여호와께 기도하고 통곡하여"(삼상 1:10)

이스라엘이 가나안을 정복한 후 오랜 세월이 흘렀다. 그동안 여호수아도 죽었고 갈렙도 죽었고 이제 지도자들은 다 가버리고 때마다 허락하신 지도자 사사들에 의해 이스라엘은 인도되고 있었다. 백성은 하나님을 잊어버리고 풍요의 신, 바알을 섬기는 영적인 쇠퇴 속에서 살고 있었다. 그 때 하나님은 아기를 못 낳는 한 여인의 기도를 들으신다. 한 여인의 기도를 사용하여 하나님은 이스라엘 구속사에 주인으로 개입하시기 시작한다.

우리는 기도할 때마다 한나처럼 기도하고 응답받는 사람이 되기를 바라기도 한다. 그러나 이 한나의 이야기도 모범적으로 접근해서는 안 된다. 한나가 특별히 기도를 열심히 했다는 것, 그리고 아들을 낳아 하나님께 바쳤다는 것, 이런 것들만 강조하다가 가장 중요한 구속사의 핵심메시지를 놓쳐서는 안 되는 것이다.

그들이 어느 해인가 다시 매년제를 드리러 실로에 올라갔을 때 한나는 하나님께 나아왔다. 그리고 만일 하나님이 자식을 주시면 그 자식을 나면서부터 나실인민 6:1-21, 삿 13:2-14으로 성별해 하나님께 바치겠다고 서원했다. 그의 기도 배후에는 하나님을 생명의 주권자로 고백하며 맡기는 믿음이 있었다. 한나는 그녀의 미래가 하나님의 손에 있음을 알고 있었다. 그 후 한나는 기다리던 아기 사무엘을 낳았다. 사무엘이라는 말은 '여호와께 구함' 즉 하나님께 구해 얻은 자식이라는 뜻이다. 한나는 서원한 대로 그 아기가 젖 뗄 때까지 기다리다가 젖을 떼자 그 아기를 데리고 실로로 다시 올라갔다. 그들은 정성껏 준비한 제사 예물을 들고 실로에 올라가서 사무엘을 하나님의 사람으로 영원히 바치게 되었다.

한나가 열심히 자식을 얻기 위하여 기도할 때, 엘리 제사장이 그 여인의 모습을 보고 마치 독주를 먹고 취하여 중얼거리고 있다고 생각할 정도였다. 그 기도하는 모습이 얼마나 간절하고 열심이었던지 술 취한 사람처럼 보였던 것이다. 그래서 이 성경본문은 기도를 열심히 하는 사람의 모범으로 사용되기도 한다. 한나처럼 기도하라는 이야기를 우리는 너무나 많이 들어왔다. 그렇다면 이 성경본문은 기도의 모범을 가르치기 위한 것일까?

아니다. 한나의 기도를 통하여 하나님은 놀라운 구속사에 개입하신다. 어떤 이상도 보이지 않았던 사사기 시대에, 하나님을 멀리 떠나간 시대에, 그래서 하나님은 안 계시는가? 라고 생각하던 시대에 하나님이 한나의 삶 속에 개입해 들어오신다. 그래서 개인적인 기도의 제목도 응답해 주시지만 태어난 아들 사무엘을 통하여 어둡고 암울한 사사기 시대에도 여전히 하나님께서 역사를 주관하고 계심을 보여주고 있는 것이다.

이 본문에서 우리는 한 여인의 기도와 경건을 하나님의 구원의 도구로 사용하셔서 이스라엘의 구원의 역사를 이끌어 가시는 '여호와 이레' 의 하나님의 손길을 기억해야 한다. 또한 작은 아기와 태가 닫힌 여성을 통해 창조와 능력의 역사를 이루어가시면서, 불가능을 가능으로 바꾸시는 창조의 하나님을 만나야 한다. 또한 '한 작은 아기' 사무엘의 생애를 통해 이스라엘의 역사를 이끌어 가시는 역사의 주관자 되신 하나님을 만나야 한다. 한나를 만나고 그 배후에서 일하시는 하나님을 만나지 못한다면 분명 우리는 성경을 도덕화하는 오류를 범하게 될 것이다.

여인의 사랑보다 더하였도다

"내 형 요나단이여 내가 그대를 애통함은 그대는 내게 심히 아름다움이라 그대가 나를 사랑함이 기이하여 여인의 사랑보다 더하였도다"(삼하 1:26)

성경을 읽어가다 보면 우리의 마음에 감동을 일으키는 이야기가 많이 있는데 특히 요셉과 다윗의 이야기가 그러하다. 이 이야기는 우리가 흔히 겪을 수 있는, 가정과 친구 사이에서 일어나고 있는 이야기를 중심으로 하고 있기 때문에 더욱더 친근감을 느끼게 한다. 요셉은 자기를 팔아버린 형제들을 사랑하고 용서했으며, 다윗은 원수의 아들과 지극한 사랑과 우정을 나눔으로써 우리를 감동케 한다. 성경 어디에도, 아니면 어떤 소설에도 이렇게 아름다운 이야기는 결코 발견할 수 없다. 그래서 특히 다윗과 요나단은 항상 위대한 우정의 모델로 언급되곤 하였다. 그들은 왕권을 놓고 정치적인 야심을 보이지 않고 모든 것을 덮어주고 넘어서는 순수한 우정을 보여 주었다. 하지만 다윗과 요나단도 단순히 친구들 간의 우정을 이야기하고 있다고 생각한다면 또 한 번 구속사적인 중요한 핵심을 놓치게 된다.

구속사적으로 성경을 여는 키워드가 그리스도의 언약이라고 필자는 언급했다. 그 안에 씨, 땅, 법, 왕의 네 맥이 흐르고 있다고 언급하였다. 이제는 다윗과 요나단을 씨와 왕이라는 관점에서 읽어보자.

다윗은 사울 왕에 의하여 쫓기고 쫓기는 인생을 살게 된다. 사울 왕은 사무엘에게 버림을 받고 하나님에게 버림을 받고 나서 백성들에게도 버림을 받을 것 같은 두려움을 갖고 있었다. 그런데 그런 걱정을 현실로 나타나게 한 것이 바로 다윗이었다. 용맹스러운 다윗을 백성들이 사울보다 더 좋아하게 되었다. "사울은 천천이요, 다윗은 만만이다."라고 백성들이 외치는데 사울은 자신의 자리가 빼앗길 것에 대한 불안과 두려움이 증폭되었다. 그래서 사울 왕은 다윗을 죽이기로 마음을 먹는다.

지속적으로 다윗을 찾아서 죽이려고 하는 사울 왕과 그 다윗을 지켜주려고 하는 요나단의 우정이 교차되어 펼쳐지고 있다. 여기에서 우리는 단순히 우정이라는 단어에만 눈을 고정하지 말자. 그 우정으로 통해 다윗의 생명이 보호되고 왕권이 수립되며, 다윗을 통해 영원한 구세주, 그리스도가 오는 길이 예비되었다는 것에 관심을 두자.

요나단의 우정은 이러한 구속사의 흐름이 끝나지 않고 계속 이어질 수 있도록 다윗의 생명을 보호하고 있다. 단순한 우정을 가르치는 것이라면 우리나라에도 얼마든지 놀라운 우정의 사건들이 많이 있다. 그러나 이 우정은 단순히 우정만을 나타내는 것이 아니다. 하나님은 요나단의 우정을 통해 다윗의 생명을 보호하면서 하나님의 놀라운 구속사를 이끌어가고 계시는 것이다. 다윗의 왕권을 세워주고, 그로부터 그리스도가 오는 길을 예비하신다. 요나단은 단순히 다윗을 사랑하고 보호해주는 역할을 했을지 모르지만 하나님은 그렇지 않으셨다. 구원의 역사를 위해 하나님은 모든 역사를 섭리하시며 인도하신다는 사실이 우정 뒤에 숨어 있는 중요한 사실이다. 항상 언약에 충실하시고 성실하신 하나님을 다윗과 요나단의 우정 속에서 발견해야 한다.

욥이 그 친구들을 위하여 기도할 때

"욥이 그 친구들을 위하여 기도할 때 여호와께서 욥의 곤경을 돌이키시고 여호와께서 욥에게 이전 모든 소유보다 갑절이나 주신지라"(욥 42:10)

욥기는 많은 분들의 사랑을 받은 책이기도 하지만 가장 안 열려지는 책이기도 하다. 이 책은 "왜 의인이 고난을 받느냐?"라고 질문하면 열리지 않는 책이다. 이 책은 지혜문학이므로 지혜를 찾아야 하는 책이다. 정말 지혜가 무엇일까? "여호와를 경외하는 것이 지혜의 근본이요 거룩한 자를 아는 것이 명철이니라"잠 9:10. 여호와를 경외하고 거룩한 자를 아는 것이 명철이라고 했으니 욥기에서 가장 중요한 질문, 핵심적인 질문은 '욥이 하나님을 경외하는가?' '욥이 하나님을 알고 있는가?'이다. 욥이 만일 하나님을 경외하고 하나님을 알았다고 한다면 욥은 지혜와 명철을 찾은 것이요, 자신도 구원받게 된다.

하지만 욥은 하나님을 잘 알지 못하였다. 그리고 이제 고난을 통하여 욥은 하나님을 알아간다. 솔직히 고난이 하나님이 누구이신가를 알려준 것이 아니라 하나님은 하나님 되심을 그저 계시하셨을

뿐이다. 그 가운데 욥은 하나님을 야다부부사이로 아는 관계하게 된다. 욥은 결국 하나님을 아는 지혜, 나를 아는 지혜, 너를 아는 지혜, 내 사명이 무엇인가를 아는 지혜, 승리하는 지혜를 얻게 된다. 이러한 지혜를 찾아가는 데 가장 방해가 되는 것은 무엇이었을까? 그것은 두려움이었다. "내가 두려워하는 그것이 내게 임하고 내가 무서워하는 그것이 내 몸에 미쳤구나"욥 3:25.

그가 두려워하던 것이 무엇이었을까? 그것은 하나님에 대한 두려움, 물질과 자녀를 잃어버릴 것에 대한 두려움, 또한 미래에 자신이 건강을 잃어버릴 것 같은 두려움 등 일반 인생이 살아갈 때 느끼는 그런 평범한 두려움들이었다.

그러나 실제 욥이 가장 두려운 것은 하나님과의 대면이요, 자신과의 대면이었다. 욥이 가장 두려웠던 것은 자신의 마지막을 잃어버릴 것 같은 두려움이었다. 그것이 무엇이었을까? 그가 가장 소중하게 여기고 놓고 싶지 않는 자기 의義였다. 자기 의가 주님의 의 앞에 서면 무너질 것 같은 두려움을 가지고 있었다. 재물과 자녀와 명성을 잃어버렸을 때에도 점잖게 자기를 지킬 수 있었던 욥도 결국 자기 의에 대하여 공격해 오자 참을 수가 없었다. 마지막 보루가 깨지는 순간이 다가오고 있었기 때문이다. 욥이 가장 사랑한 것은 재물도 아니요, 하나님도 아니요, 자녀도 아니었다. 자기의 의義, 바로 자기였다.

하나님과 대면이 시작된다. 하나님은 욥이 태어나기 전부터 있었던 일, 그리고 욥이 할 수 없는 초자연적이고 우주적인 생태계의 현상 등을 말씀하시면서 욥 자신을 바라보게 하신다. 욥은 먼지만도 못한 존재였다. 자기 의가 아무 것도 아니고 오직 의인은 하나님 한 분이시라는 것을 깨닫는다. 여기에서 진정한 하나님을 경외하는 것이 시작된다. 그는 찾았다. 지혜를! 그 지혜가 없었을 때, 그토록 자신이 두려워해야 했던 이유를 찾았다. 그는 자기를 정죄하던 친구들까지 기도를 해 줄 수 있었고, 자신이 누구인지를 인정했다. 하나님은 배가 되는 축복을 주셨는데 무엇보다도 욥이 가장 기뻤던 것은 자신을 대면할 수 있는 용기, 하나님을 대면할 수 있는 용기, 그리고 친구를 용서할 수 있는 용기였다. 이것으로 인하여 그는 영원한 샬롬을 누렸다.

도적의 굴혈로 보이느냐?

"너희가 도적질하며 살인하며 간음하며 거짓 맹세하며 바알에게 분향하며 너희의 알지 못하는 다른 신들을 따르면서 내 이름으로 일컬음을 받는 이 집에 들어와서 내 앞에 서서 말하기를 우리가 구원을 얻었나이다 하느냐 이는 이 모든 가증한 일을 행하려 함이로다 내 이름으로 일컬음을 받는 이 집이 너희 눈에는 도적의 굴혈로 보이느냐 보라 나 곧 내가 그것을 보았노라 여호와의 말씀이니라"(렘 7:9–11)

하나님을 떠난 자의 더러운 모습은 성전 밖에만 있는 것이 아니다. 여호와의 집안에 더 무서운 죄악이 있었다. 성전 안에서의 부패와 타락을 하나님의 축복과 보호인 양 생각하는 잘못된 신앙에 대해 예레미야는 외치고 있다. 신앙생활을 마치 구원을 보장받는 '면죄부'를 얻는 것처럼 생각하는 사악한 외식주의자들을 향해 하나님은 참 예배의 길, 참 신앙의 길을 묻고 있다.

그 당시 유대인은 성전에 대해 미신적일 정도로 강한 믿음을 가지고 있었는데 성전은 하나님이 거하시는 집이고 언약궤가 놓여 있는 곳이어서 어떤 적의 침입도 있을 수 없는 거룩한 곳이라고 믿고 있었다. 그러한 백성들의 맹신적인 집착에 대해 예레미야는 "이것이 여호와의 전이라, 여호와의 전이라, 여호와의 전이라 하는 거짓말을 믿지 말라."고 반복해서 강조하며 경고하고 있다. 언약의 백성으로서 바른 길을 걷는 것이 성전에 대한 맹목적이고 미신적인 신봉보다 더 중요하다고 말하고 있다. 백성들은 '무익한 거짓말을 의뢰하고' 있는 것이다. 하나님은 오히려 공의와 진실로 생활 전체를 예배로 드리는 자와 함께하신다는 것을 알아야 한다.

성전에 거하는 자는 길과 행위를 바르게 하는 자들이어야 한다. 외식적인 예배보다 더 중요한 것이 그들의 삶의 태도이다. 하나님은 그들의 삶 전체가 참된 예배와 헌신이 되기를 원하셨다. 바로 그 길은 하나님이 원하시는 길이고, '거룩한 제사장 나라'로서 구별된 삶의 길이었다. 그러므로 공의와 신뢰, 평화가 이웃 사이에서 이루어지는 삶을 살아야 하는 것이다.

주님은 그렇지 않은 신앙생활, 성전에서 자신의 부패를 숨기려고 하는 이들에게 성전이 피난처나 은신처hiding place가 되었음을 분개하였다. 몸은 성전 안에 있으나 마음은 도적이고 우상의 노예가 되어 있다. 하나님은 이러한 자의 예배를 받지 않으시고 그들을 가증스럽다고 말씀하신다. 하나님은 위선적이고, 허울 좋은 경건 속에 숨겨져 있는 패역한 자들의 모습을 놓치지 않으신다. 서로를 속일 수는 있어도 하나님을 속일 수는 없다. 몸은 감출 수 있을지 몰라도 죄는 감출 수 없다. "내 죄가 주의 앞에서 숨김이 없나이다"시 69:5. "주의 앞에서 어디로 피하리이까"시 139:7 "너희 죄가 정녕 너희를 찾아낼 줄 알라"민 32:23.

성전 문 앞에서의 예레미야의 설교는 우리가 어떻게 세상을 대해야 하는지, 신앙이 무엇을 의미하는지 가르쳐 주고 있다. 신앙은 언약의 말씀대로 사는 것이다. 신앙은 교회 안에서가 아니라 세상에서 하나님의 뜻대로 살기 위해 필요한 것이다. 하나님은 언약의 백성이 이제 예식을 타성으로 알고, 그 믿음이 생활에 전혀 영향을 주지 않는 것을 탄식하고 계신다. 하나님은 우리의 산 제사를 원하신다. 생활로 드리는 예배를 원하신다. 우리는 세상에서 백성으로 부름을 받고 거룩하게 구별되어져서 다시 세상으로 보내심을 받는 자들이다. 성전이 우리의 부패를 감추어 주고 구원을 보장해 주는 피난처일 수 없다.

너는 간음하는 아내로다

"그 남편 대신에 다른 남자들과 내통하여 간음하는 아내로다 사람들은 모든 창기에게 선물을 주거늘 오직 너는 네 모든 정든 자에게 선물을 주며 값을 주어서 사방에서 와서 너와 행음하게 하니"(겔 16:32,33)

성경 전체를 통하여 가장 아름다운 언약의 하나님을 보여주는 장면이 바로 에스겔 16장이다. 에스겔 16장에는 길가에 버려진 아기를 주워 와서 키우시는 하나님의 이야기가 나온다. 하나님은 그 아기를 잘 키워서 신부로 삼았다. 얼마나 하나님의 기쁨이 컸는지 모른다. 그런데 그 신부가 어느 날 사라져 버렸다. 하나님은 이 신부를 찾으러 동네방네 다 다녔다. 그런데 그 신부가 발견된 것은 창녀의 모양으로 호객행위를 하고 있는 모습이었다.

하나님은 그녀를 창녀라고 말씀하시지 않고 간음하는 아내라고 말씀하신다. 창녀는 돈이 필요하여 몸을 파는 사람이지만, 아내는 남편이 있음에도 불구하고 마음과 몸을 다 파는 더러운 여인이었기 때문이다. 마음까지도 파는 시온을 향해 주님은 "어서 돌아오라"고 말씀하신다.

그러나 그녀는 돌아오지 않았다. 여러 남편을 바꾸어 가면서 인생을 팔게 된다. 여기 저기 기웃거리며 누가 가장 나를 사랑해줄까를 구걸하며 살게 된다. 여기저기서 구박도 받고 매도 맞은 시온은 결국에는 하나님만이 자신을 가장 깊이 사랑해준 진정한 남편이었음을 깨닫고 다시 집으로 돌아온다.

돌아오는 그 여인의 행색을 상상해 보라. 지친 모습, 매 맞은 모습, 배고프고 목마른 모습, 헐벗은 모습, 그 모든 참담함을 갖고 돌아오는 아내의 모습을 상상할 수 있다. 하나님은 돌아오는 신부를 바라본다. 예전의 그 신부가 아니고 처참하게 찢겨진 모습으로 돌아오지만 하나님은 너무 기쁨이 넘치신다. 하나님은 맨발로 이 신부를 향하여 달려가신다. 그리고 말씀하신다. 너의 과거나 행위를 기억하지 않고 언약을 기억하시겠다고 말씀하신다. 또한 달려가서 신부를 가슴에 안고 매우 기쁨에 겨워서 이렇게 말씀하신다.

"그가 너로 말미암아 기쁨을 이기지 못하시며 너를 잠잠히 사랑하시며 너로 말미암아 즐거이 부르며 기뻐하시리라 하리라"습 3:17

"다시는 너를 버림받은 자라 부르지 아니하며 다시는 네 땅을 황무지라 부르지 아니하고 오직 너를 헵시바라 하며 네 땅을 쁄라라 하리니 이는 여호와께서 너를 기뻐하실 것이며 네 땅이 결혼한 것처럼 될 것임이라"사 62:4

더럽혀진 여인, 배반한 여인, 그럼에도 불구하고 하나님은 그 여인을 다시 받아들인다. 마지못하여 받아들이는 것이 아니라 기쁨을 이기지 못하고 맞아주신다. 하나님은 우리의 죄악을 넘어서는 사랑을 가지고 계시다. 그 사랑이 바로 언약의 사랑이다. 우리가 죄를 범하고 대적하여 떠나고 타락하다가도 다시 돌아오면 여전히 하나님의 사랑으로 맞아주시는 그런 아가페 사랑, 언약의 사랑이시다. 우리의 행위를 기억하는 사랑이 아니라, 우리 존재를 기억해주시는 사랑이다. 우리의 죄악은 기억하지 않으시고, 우리가 신부였음을 기억해주시는 언약의 사랑이다. 그런 하나님으로 인하여 우리의 구원이 더욱 풍성하고 즐거워진다. 우리가 소망이 있는 것은 여전히 기다리시는 하나님의 언약적 사랑 때문이다.

물이 발목에 오르더니

"그 사람이 손에 줄을 잡고 동쪽으로 나아가며 천 척을 측량한 후에 내게 그 물을 건너게 하시니 물이 발목에 이르더니"(겔 47:3)

에스겔 47장은 부흥사들의 설교를 통해서 여러 번 들을 수가 있었다. 그런데 대개 이 본문을 가지고 신앙의 네 단계, 즉 발목 신앙 단계, 무릎 신앙 단계, 허리 신앙 단계, 헤엄치는 신앙 단계를 깨닫게 하는 것이라고 설교를 전하는 경우가 많다. 이렇게 보게 될 때 이것은 구속사적으로 성경을 보는 것이 아니라, 모범적이고 인간 위주로 성경을 보는 것이 된다. 이것은 '인간의 신앙 단계'가 아니라 '복음 역사, 구속사의 확장, 생명의 역사의 확장'을 의미하고 있는 것이다.

처음 시작은 작지만 점점 광대해지는 하나님 나라의 확장의 비밀이 여기 있는 것이다. 겨자씨로부터 시작한 하나님의 나라가 새들이 깃드는 큰 나무가 되는 것처럼 복음이라는 생명의 물이 흘러 들어가는 곳에는 더 큰 성령의 역사가 일어나고 더 강한 생명의 역사가 일어나는 것으로 보아야 한다. 그러므로 오히려 발목에 해당하는 복음전파의 단계, 무릎에 해당하는 복음전파의 단계 등으로 바꾸어 생각하는 것이 이 말씀의 본래 의도와 더 가깝다고 하겠다. 그러므로 이 말씀을 볼 때 인간이 노력해서 이루는 신앙의 단계가 아니라 하나님의 주권적이고 자주적인 말씀의 역사가 어떻게 세상에 확장되고 생물을 소생시키는가에 초점을 맞춰야 한다. 이 말씀의 주인공 역시 하나님이시다.

그 강물이 흘러 들어가는 곳에는 죽은 물들이 다시 살아나고 단물이 된다. 마치 마라의 쓴 물이 하나님의 현존으로 말미암아 단물이 된 것과 같다. 그 강은 치유의 강물이 된다. 그 강은 이제 은혜의 복음을 받아들인 많은 결신자들을 포용하게 될 것이다. 그 복음의 생수는 곧 그리스도인들이 사는 삶의 근원이다. 예수님께서 베드로를 향해 사람을 낚는 어부가 되게 하리라고 말씀하셨는데 그것은 바로 전도의 열매를 의미하는 것이었다. 이 강이 흘러가는 곳마다 고기가 풍성해질 것이다. 이는 바로 주님을 믿게 된 자들이 하늘의 별같이, 바다의 모래같이 많아지리라고 하는 것이다. 강이 가는 곳마다 죽은 영혼이 살아나고 죽은 물은 소생할 것이다.

물이 있는 곳에 나무가 있게 되고 그 나무는 물을 공급받아 많은 열매를 맺게 된다. 그것은 마치 예수님이 요한복음 15장 7,8절에서 비유로 말씀하신 것과 같다. "너희가 내 안에 거하고 내 말이 너희 안에 거하면 무엇이든지 원하는 대로 구하라 그리하면 이루리라 너희가 과실을 많이 맺으면 내 아버지께서 영광을 받으실 것이요 너희가 내 제자가 되리라." 또한 요한계시록에도 역시 열매 맺는 나무에 대해서 기록하고 있다. "강 좌우에 생명나무가 있어 열 두 가지 실과를 맺히되 달마다 그 실과를 맺히고 그 나무 잎사귀들은 만국을 소성하기 위하여 있더라"계 22:2.

이 강은 살아 있는 생명의 강이다. 이 강은 하나님의 성령의 강이다. 이 강에 들어가는 자마다 생명을 얻고 소생함을 얻으며 치유를 얻을 것이다. 고기들이 살아서 어부가 바빠지게 된다. 나무들이 소생한다. 에스겔 47장은 죽어가고 있는 이스라엘에게 소망의 메시지, 회복의 메시지를 주면서 하나님의 역사는 생명력이 있어 계속 확장되고 퍼져나갈 것임을, 이스라엘이 이렇게 회복할 것임을 보여준다. 그 구속사의 주인공은 하나님이시다.

성내어 죽기까지 하여도 옳으니이다

"하나님이 요나에게 이르시되 네가 이 박넝쿨로 말미암아 성내는 것이 어찌 옳으냐 하시니 그가 대답하되 내가 성내어 죽기까지 할지라도 옳으니이다 하니라"(욘 4:9)

4장으로 이루어진 요나서는 어린 아이들이 좋아하는 동화 같은 성격의 이야기이다. 3일 동안 큰 물고기의 뱃속에 있다가 기적적으로 살아난 요나를 우리는 어떻게 이해하고 또 어떻게 아이들에게 가르쳐 왔는가? 기적적인 방법으로 요나를 지켜 주신 하나님의 권능을 가르쳤는가? 아니면 하나님의 말씀을 거부하고 요나처럼 도망가면 그런 어려움을 겪게 된다고 가르쳤는가? 요나를 모범으로 삼아 그와 같이 되지 말라고 가르쳤는가? 아니면 회개하면 다시 하나님의 도구로 사용되어질 수도 있다고 가르쳤는가? 구속사적 관점에서 볼 때 요나서는 그 이상의 것을 가르치고 있다. 그렇다면 도망가는 요나를 사용하셔서 말씀을 전하는 도구로 삼으신 하나님의 의도는 무엇일까?

하나님께서는 요나를 불러서 니느웨로 가라고 명령하셨다. 그들의 죄악이 하나님에게까지 도달하였기 때문이었다. 그러나 요나는 여기에 대해서 어떤 반응도 없이 일어나 주의 낯을 피하여 다시스로 도망갔다. 요나서 3장 10절에서 4장 2절까지의 구절에는 그 이유가 분명하게 드러나고 있는데 요나가 도망가고 있는 가장 중요한 이유는 "자비로우신 하나님이 그 뜻을 돌이켜 니느웨를 구원하실 것"을 알고 있었기 때문이다. 그는 여호와께서 온 민족을 사랑하고 구원하기를 원하신다는 것을 알고 있던 선지자였다. 요나가 두려워한 것은 이스라엘이 증오하고 두려워하는 니느웨 성城에서 하나님의 말씀을 외치는 것보다, 그 이후에 일어날 니느웨 성의 구원을 목격하는 일이었다. 요나는 니느웨가 멸망되어야 마땅하다고 생각하고 있었고 그러한 니느웨에게 하나님의 말씀을 전파함으로 구원의 기회를 주는 것을 받아들일 수가 없었다. 요나는 니느웨를 향해 말씀을 주시는 하나님의 공의를 이해할 수 없었고 그 더러운 민족까지 구원하시려는 하나님의 사랑을 이해할 수 없었다.

그러나 하나님의 의도는 이것이다. 니느웨의 사람들도 하나님이 창조하신 백성이요, 그들에게도 구원이 필요하다. 하나님은 니느웨 성의 죄악은 미워하지만 사람들은 미워하지 않으신다. 이것이 하나님의 공의이다. 그리고 그 모든 이에게 사랑을 베푸신다. 이것이 제한받지 않는 하나님의 사랑이시다. 또한 하나님은 하나님의 뜻대로 자유롭게 일하신다. 이것이 하나님의 자유이다. 우리들에게는 오직 순종할 자유밖에 없는 것이다. 요나는 성전중심의 신학과 편협한 생각으로 하나님의 자유, 사랑, 공의를 제한한다.

그러나 하나님이 일하시는 방법을 보라. 하나님은 요나를 계속 다루어가시면서 참 선지자가 되도록 하신다. 이것을 우리는 주관적인 구속사라고 말한다. 하나님은 광풍, 박넝쿨, 큰 물고기 모두를 동원하여 요나를 참 예배자로 만들어 가신다. 그 반면에 하나님은 여전히 온 세계의 구속사를 이끌어 가신다. 요나가 비록 그곳에 가지 않는다고 하여도 주님은 이 객관적인 구속사를 이끌어 가실 것이다. 요나서에는 세계의 구원을 포기하지 않으시면서 또한 한 개인의 구원도 포기하지 않으시는 하나님의 놀라운 은혜와 사랑을 만나게 된다. 요나는 비록 4장에서도 회개하는 모습이 안 보이지만 하나님의 역사는 계속된다. 온 백성을 다시 찾으시려는 주님의 사랑은 중단되지 않는다. 요나서에서 만나야 하는 것은 큰 물고기 사건이 아니라 하나님의 은혜와 사랑이다. 또한 누구의 의지와 공격에도 포기하지 않고 나아가시는 하나님의 자유이다. 그분의 구원의 의지가 요나서에는 더욱 빛나고 있다.

그런즉 내게로 돌아오라

"만군의 여호와가 이르노라 너희 조상들의 날로부터 너희가 나의 규례를 떠나 지키지 아니하였도다 그런즉 내게로 돌아오라 그리하면 나도 너희에게 돌아가리라 하였더니 너희가 이르기를 우리가 어떻게 하여야 돌아가리이까 하는도다"(말 3:7)

구약성서의 마지막을 장식하는 말라기는 십일조의 문제를 다루고 있다. 신앙생활 속에서 십일조가 의미하고 있는 바는 무엇일까? 주일성수와 십일조를 거의 율법 준수처럼 강조하고 있는 한국 교회에서 십일조의 참 의미를 아는 성도가 얼마나 될지 궁금하다. 이 십일조에 의해서 한국 교회가 성장하고 많은 선교사업을 할 수 있었다고 하는 것은 누구도 부인할 수 없다. 창세기 처음에서 안식의 문제를 말씀하신 하나님은 구약의 마지막에서 십일조의 문제를 말씀하고 계신다. 이는 이 두 가지가 바로 신앙생활에서 가장 중요한 것이기 때문이 아닐까? 십일조를 언약의 측면에서, 구속사의 측면에서 고찰해보도록 하자.

포로생활에서 돌아온 이스라엘 민족은 제사장들의 부패, 성전의 공백상태를 경험하게 된다. 제사장들이 물질적 욕심과 명예, 사치에 관해 관심을 두게 된 이유는 어디 있을까? 그 당시 많은 레위 지파의 사람들이 극심한 생계의 곤란 때문에 성전을 떠나 전답을 사고 일반인의 생활로 돌아갔다. 이것은 무슨 이유 때문이었을까? 일반 백성들이 드려야 할 십일조를 충실히 하지 않았기 때문이다.

포로기 이후 백성들의 생활은 말이 아닐 정도로 어려웠다. 자신들의 생활도 안 되었기 때문에 백성들은 오랫동안 십일조 생활을 소홀히 했다. 자연히 '하나님의 집'은 창고가 비기 시작했다. 먹을 것이 없는 레위 지파는 하나 둘씩 새 직업을 찾아 나섰다. 십일조를 드리지 않으므로 영적인 지도자가 전적으로 자신의 사명을 감당할 수 없게 되었고 따라서 제사장들의 타락과 백성들의 영적인 타락이 오게 되었다. 그러므로 하나님은 백성들이 십일조 생활을 게을리 한 것을 지도자들의 타락의 원인이라고 보았으며 백성이 하나님께로 돌아오기 위해서는 십일조 등의 성물을 하나님께 드리는 경건한 신앙생활이 부활되어야 한다고 말씀하셨다.

우리는 주님께 돌아가기 위하여 부흥회나 세미나에 가서 은혜를 흠뻑 받아야 한다고 생각할 수도 있다. 더욱 말씀에 깊이 들어가야 한다고 생각할 수도 있다. 그러나 하나님은 "어떻게 해야 주께 돌아갈 수 있습니까?"라고 질문하는 이스라엘 백성에게 십일조와 헌물을 가지고 오라고 말씀하신다.

보물이 있는 곳에 마음이 있다. 하나님은 물질을 하나님께 성별하는 것이 곧 하나님께 돌아오는 길이며, 구체적인 헌신을 보여주는 길이라고 말씀하셨다. 그리고 그것은 곧 언약으로 돌아오는 길임을 가르쳐주셨다. 십일조는 단순히 물질의 성별만을 의미하지 않는다. 이것은 하나님을 하나님으로 고백하고, 우리의 마음을 주님께 들고 오는 훈련이다. 아주 구체적으로, 실질적으로, 현실적으로 하나님께로 돌아오는 길을 말라기는 분명하게 선포하고 있다.

하나님의 것을 하나님께로 돌려드리는 것, 이것은 신앙고백이요, 사랑의 고백이요, 마음을 드리는 고백이다. 이러한 삶의 실천이 있을 때, 우리는 하나님께로 돌아가는 길을 발견한다. 그리고 그 명령에 순종하는 것이 바로 사는 길이다. 바로 그곳에 그 길이 있다. 하나님께로 돌아가는 길이!

죽으면 죽으리이다

"당신은 가서 수산에 있는 유다인을 다 모으고 나를 위하여 금식하되 밤낮 삼일을 먹지도 말고 마시지도 마소서 나도 나의 시녀와 더불어 이렇게 금식한 후에 규례를 어기고 왕에게 나아가리니 죽으면 죽으리이다 하니라"(에 4:16)

사랑받는 이름 에스더는 믿음을 가지기 원하는 딸들에게 너도 나도 주어지는 이름이기도 한다. "죽으면 죽으리이다."라고 담대하게 생명을 담보로 이스라엘 민족을 구원하기 위하여 나서는 한 여인의 믿음을 모두가 칭송하고 존경한다. 그래서 하나님을 높이기보다는 오히려 에스더라는 이름이 더 높여지고는 했다. 정말 하나님은 에스더서에서 무엇을 말씀하시려고 하는가?

성경에는 이렇게 '죽으면 죽으리이다' 라고 생명을 내어놓고 나아갔던 여인들이 많이 나온다. 우선 라합, 룻, 십브라와 브아라 하는 히브리 산파도 역시 생명을 내어놓았다. 이렇게 생명을 내어놓은 여인으로 인하여 구속의 역사는 이어져 왔다. 마찬가지로 에스더는 여기에서 역시 사느냐 죽느냐의 기로에 놓이게 되는데 그것은 한 개인의 생명뿐만 아니라 바사에 남은 모든 유대인들의 생사가 달린 문제였다.

여기에서 담대한 에스더만을 칭송하게 되면 에스더서에서 전하려고 하는 구속사적인 의미가 사라지고 만다. 이것은 씨의 언약으로 해석해야만 열리는 말씀이다. 아브라함에게 후손과 땅을 줄 것이며, 하늘의 별처럼 땅의 모래알처럼 후손을 주시겠다는 씨의 약속으로 읽어 내려가야 한다. 하나님은 아브라함 후손을 지켜주시고, 그 후손에게서 그리스도가 나오시는 언약의 계보를 주셨다. 이것은 약속이고 지켜져야만 한다.

바벨론 포로기가 끝나고 바사왕 고레스 원년에 왕이 칙령을 내려서 모든 유대인들은 자기 모국으로 돌아가서 성전을 건축하도록스 1:1-4 하나님께서 인도하셨다. 그래서 스룹바벨과 에스라 등의 지도자들과 함께 3차에 걸쳐서 포로민들은 조국으로 돌아간다. 그러나 아직 돌아가지 못하고 바사에 그대로 남아있는 백성들에 대한 이야기가 바로 에스더서의 이야기이다. 이러한 남아 있는 백성들, 조국으로 아직 가지 못한 유대민족에게 큰 환란이 닥치게 된다. 그것이 바로 하만이라는 자를 통하여 온 유대인이 죽을 위기에 놓이게 된 것이다.

우리들이 다 아는 것처럼 결국에 에스더의 지혜로 인하여 온 유대민족이 죽을 위기에서 구원을 받게 된다. 대신에 모르드개를 매달려고 했던 장대에 하만 자신이 매달려 죽게 된다. 놀라운 일이 아닌가? 한 연약한 여인이 목숨을 내어놓고 왕 앞에 나아감으로 온 민족을 구할 수 있었던 일은 우리 모두를 박수를 치며 기뻐하게 만든다.

그러나 여기에서 우리가 다시 강조하고 넘어가야 하는 것이 있다. 이것은 에스더의 성실함과 담대함, 모르드개의 신앙으로 시작이 된 것이지만 결국 모든 역사의 주인이 하나님이시며 그분은 언약을 지키시는 분이라는 메시지가 들어가 있다. 어떤 상황에서도 하나님은 그분의 섭리를 이끌어 가시며 하나님의 구속사를 완성해 나가신다. 여기에 에스더와 모르드개가 하나님께 쓰임을 받았다. 언약을 지키신 하나님께 감사하며 그날을 지키는 절기, 그것이 바로 부림절이다. 하나님이 유대인들을 구원하여 주시고 씨를 보전해 주신 날, 생명을 보존해 주신 날이다. 그날은 에스더를 기억하는 날이 아니라 하나님의 약속의 신실함을 기억하는 절기이다.

네가 만일 하나님의 아들이어든

"시험하는 자가 예수께 나아와서 이르되 네가 만일 하나님의 아들이어든 명하여 이 돌들로 떡덩이가 되게 하라"(마 4:3)

예수님이 마귀에게 세 번씩이나 시험을 받은 사건은 우리가 모두 다 잘 알고 있다. 여기에서 세 가지의 유혹의 내용은 첫째 아담이 실패한 모든 내용이 다시 한 번 더 둘째 아담에게 던져졌던 것이다. 그런데 대개의 기독교인들은 이 세 가지 유혹이 어떤 것인가에 대하여 관심을 많이 갖고 해석하는 바도 분분하다. 하지만 이 사건에서 중요한 내용은 주님이 이미 승리했다는 사실이다. 즉 사탄의 모든 유혹을 당당하게 말씀으로 이기셨다는 데 있다.

하지만 필자는 이 성경말씀에서 세 번이나 나오는 "네가 만일 하나님의 아들이어든"이라는 말에 관심을 가져 보려고 한다. 마태복음은 왕으로 오신 예수 그리스도에 대한 말씀을 기록하고 있다. 그러므로 필자는 이 글을 예수님의 왕권에 대한 시험이라고 보고 읽어 내려가려고 한다. 지금 이 시험은 왕이냐 아니면 종이냐를 결정하는 아주 중요하고 위태로운 장면들이다.

그런데 사탄은 교묘하게 "네가 만일 하나님의 아들이어든"하고 유혹하고 들어온다. 이것처럼 사람을 흔드는 말이 없다. "만일 네가 목사거든 이것을 할 수 있겠느냐?" "네가 만일 그리스도인이라면 중풍이신 시어머님을 잘 모셔보아라. 그러면 내가 믿겠다."라고 옆에서 "만일 네가 …라면"이라는 용법을 쓰고 질문한다면 그것처럼 마음을 흔들어 놓는 것은 없을 것 같다. 내가 목사라는 것을 입증하기 위해서라도, 내가 능력의 종이라는 것을 입증하기 위해서라도 나는 무엇을 해야만 한다고 속에서 불이 타기 시작할 것이다.

사탄은 네가 하나님이라는 것을 증명하기 위하여 돌이 떡이 되게 하고, 높은 성전에서 뛰어내려 할 수 있다는 것을 증명하고, 천사가 너를 도와준다는 것을 증명하고, 나에게 절함으로 모든 세계의 영광을 다 받으라고 유혹한다. 만일 '네가 이것을 안 한다면 너는 하나님이 아니다' 라는 결론이다.

이것처럼 핵심을 찌르는 유혹의 말은 없다. 네가 이것을 증명하라. 그렇지 않으면 너는 하나님이 아니다. 사탄이 하는 것을 따라 해도 종이 되는 것이요, 하지 않아도 하나님의 아들이 될 수가 없다. 진퇴양난이라고 볼 수가 있다. 그러나 예수님의 반격은 정말 놀랍다. 말씀으로 그 모든 것을 일격에 퇴치해 버린다. 그래서 '종이냐 왕이냐' 라는 유혹에서 승리하신 것이다.

예수님이 이 세 가지 유혹을 극복하심으로써 하와가 받았던 유혹을 승리로 이끌고 갔다. 그 때는 사탄이 승리하였지만 이제는 그리스도가 승리하였다. 그 때는 사탄이 인간과 세상 권세를 얻었지만 이제는 그리스도가 그의 자녀들을 얻게 되었다. 그 때는 죄가 인간에게 들어왔지만 이제는 그리스도의 의에 의해 죄가 쫓겨나가게 되었다.

마태는 이 사건을 통하여 그분이 진정으로 하나님의 아들이심을 증거한다. 주님은 이 시험이 끝나고 세례 요한이 잡혔음을 들으신다. 그리고 갈릴리로 돌아가서 제자 12명을 부르시고 구원의 사역을 위한 대장정에 들어가신다. 마태는 예수 그리스도께서 십자가를 선택하셨고, 우리의 구원자가 되셨으며, 사탄의 유혹도 이기고 사망권세를 이기신 예수님이 다윗의 계보에서 오실 진정한 메시아, 왕이심을 부르짖고 있다. 그분은 사탄도, 죽음도, 십자가도 다 이기셨다. 그분은 종이 아니시고 왕이시다.

오 리를 가자 하면

"또 너를 고발하여 속옷을 가지고자 하는 자에게 겉옷까지도 가지게 하며 또 누구든지 너로 억지로 오 리를 가게 하거든 그 사람과 십 리를 동행하고 네게 구하는 자에게 주며 네게 꾸고자 하는 자에게 거절하지 말라"(마 5:40-42)

이 성경 말씀대로 오 리를 가고자 부탁을 받았을 때 십 리를 동행하는 것, 그렇게 어렵게 느껴지지 않는다. 그런데 왜 예수님이 이런 말씀을 하셨는지 생각해 볼 필요가 있다. 오 리를 가자고 하면 오 리만 가면 되는데 왜 우리가 굳이 그 배나 되는 거리를 더 가야 하는지 질문해 보자.

오 리5里는 우리가 동행할 수 있는 거리이다. 기분 좋게 그 정도는 들어주고 함께 가 줄 수 있는 거리이다. 그런데 생각지도 않게 10리를 동행하라는 것은 무리일 수도 있다. 5리까지는 그런대로 기분 좋게 갈 수가 있지만 10리를 가려고 하면 더 생각을 해 보아야 한다. 왜냐하면 5리보다 10리를 가기 위해서는 에너지도 시간도 더 들기 때문이다. 너를 고발하여 속옷을 가지고자 하는 자에게 겉옷까지도 주라는 것도 이 원리와 같은 것이다. 그들이 요구하는 것 이상으로 주라는 것이다. 오른뺨을 때리면 왼편도 돌려 대어야 한다는 것도 같은 원리이다. 오른뺨을 맞은 것도 아픈데 왼편까지도 돌려야 한다는 것, 정말 쉽지 않을 것이다.

이 말씀은 예수님이 하신 산상설교에서 나오는 말씀이다. 하나님의 백성들이 마땅히 이러한 열매를 맺고 살아야 할 부분을 지적하고 있는 말씀이다. 또한 이 모든 말씀은 세상 사람들이 기존에 갖고 있던 모든 생각을 뒤집는 말씀이다. 하지만 이 말씀은 마태복음 5장 20절에서 해결을 보게 된다. "내가 너희에게 이르노니 너희 의義가 서기관과 바리새인보다 더 낫지 못하면 결코 천국에 들어가지 못하리라."

지금 이 말씀도 하나님 나라의 백성의 의와 바리새인의 의를 비교하고 있는 것이다. 하나님 나라의 백성이 가져야 할 의는 무엇인가? 그것은 인간의 의가 아니라 그리스도의 의이다. 이것을 이해하지 못하면 산상설교는 옥토에 떨어지는 말씀이 될 수 없다. 내가 할 수 있는 것, 내 의지로 할 수 있는 것, 종교적인 훈련으로 할 수 있는 것으로는 5리를 갈 수가 있다. 하지만 종교적 영성으로는 5리가 한계이다. 그 이상 가 줄 수 있는 능력이 없다. 하지만 그리스도의 의는 어떠한가? 그리스도의 의는 내가 죽고 그리스도가 드러나는 의이다. 이런 의라고 한다면 10리를 갈 수가 있다. 나는 못하지만 내 안의 그리스도께서 하실 수 있기 때문이다.

우리는 5리를 가서는 그리스도를 만날 수 없다. 10리를 가서야 그리스도를 만난다. 5리와 10리 사이에는 희생이 필요하다. 희생과 손해 보는 것과 인내가 필요하다. 이것은 내 의지나 내 의로는 할 수 없는 것이다. 하지만 그리스도에게는 가능하다.

산상설교의 명령들은 내 힘으로는 할 수 없는 것들을 말씀하고 계시다. 내가 그리스도 안에 들어가서 내 자신이 깨어지고 그리스도께서 화육하여 나타나지 않으면 안 될 명령들이다. 내 자력으로는 아무 것도 할 수 없지만 그리스도의 능력으로는 뭐든지 가능하다는 것을 피력하고 있는 말씀들이다.

요나의 표적밖에 없다

"예수께서 대답하여 이르시되 악하고 음란한 세대가 표적을 구하나 선지자 요나의 표적 밖에는 보일 표적이 없느니라. 심판 때에 니느웨 사람들이 일어나 이 세대 사람을 정죄하리니 이는 그들이 요나의 전도를 듣고 회개하였음이거니와 요나보다 더 큰 이가 여기 있으며"(마 12:39, 41)

예수님에 대한 바리새인들의 적대감이 날로 날로 커지고 있었다. 바리새인들이 예수님을 싫어하는 이유 중의 하나는 율법을 지키지 않는 일이었다. 그 중에서도 예수님이 지키지 않는 안식일 규정 때문에 그들은 매 사건마다 부딪치게 되었다. 바리새인들은 안식일에 침대자리를 옮긴다든지요 5:10, 병자를 고친다든지막 3:2, 눅 13:14, 밀 이삭을 딴다든지마 12:1,2, 안식일에 허용된 거리 이상을 걷는다든지행 1:2 참조 하는 것을 금지하는 안식일 법을 제정하여 많은 사람들로 하여금 형식적인 안식일을 지키게 했다. 예수께서는 그들이 가장 미워하고 정죄하고 있는 니느웨 성보다도 이 세대바리새인들을 포함가 더 패역한 세대라고 말씀하심으로써 바리새인들을 신랄하게 비판하셨다. 과연 그들이 이 깊은 의미를 포착하였는지는 알 수 없지만 예수님은 바리새인들을 겨냥하여 이 말씀을 하신 것이다.

그런데 그런 바리새인들이 예수님에게 표적을 보여 달라고 하였다. 그래야 하나님이신 것을 믿겠다는 태도였다. 하지만 예수님은 그들의 중심을 보셨다. 그들이 표적을 보고 믿겠다는 뜻이 아니라 예수님을 힘들게 만들려고 하는 모함인 것을 아셨다. 표적 중의 표적은 요나의 표적이며 요나의 전도를 듣고 니느웨 성이 회개한 것을 가장 큰 표적으로 보신 것이다. 이와 같이 바리새인도 회개하고 변화하는 것, 이것이 그들이 볼 수 있는 가장 큰 표적임을 주님은 암시하고 계신다. 예수님은 바리새인이 변화한다면, 바리새인이 생명을 누리는 자가 되고 생명을 이해하는 자들이 된다면 이것이야말로 큰 기적 중의 기적이라고 말씀하신다.

그리고 이어서 요나보다 더 큰 이가 예수님 자신임을 선포하고 계시다. 요나의 전도를 듣고 니느웨 성이 회개를 하였지만 예수님의 전도를 받고 온 인류가 회개할 수 있다는 것을 암시하시면서 요나보다 더 큰 이, 요나가 하였던 전도보다 더 큰 일을 하실 수 있는 분이 바로 너희 앞에 서 있다는 것을 강조하고 계신다.

이어서 예수님은 바리새인들과 서기관들의 의를 비난하시기 위해 니느웨 성이 이 세대를 정죄할 것이라고 말씀하셨다. 왜냐하면 바리새인의 의보다는 니느웨 성의 의가 보다 더 낫기 때문이다. 니느웨 성의 의는 율법을 지킴으로 얻은 의가 아니라 회개함으로 얻은 의였다. 바리새인들은 니느웨 사람들이 자신들과는 비교도 할 수 없는 정도로 사악한 자들이었다고 생각을 하고 있었는데 예수님께서 그들의 의와 자신들의 의를 비교하는 것을 보고 참을 수 없었을 것이다. 바리새인들과 서기관들이 니느웨 성의 정죄를 받는다는 것보다 더 큰 모욕은 없었을 것이다.

이제 예수님은 바리새인들과 서기관들을 무서운 일곱 귀신이 들린 사람들로 비유하고 말씀을 끝맺으셨다. 예수님은 이러한 자들이 들어갈 천국이 없다고 하셨다. 예수님이 미워하시는 것이 바로 이러한 형식적이며 외식적인 신앙, 죽은 신앙인 것이다. 진정한 회개는 없고 율법을 지켜 공적을 쌓음으로 구원을 받았다고 착각하는 바리새인들은 죽은 신앙을 가진 자들이었다. 그들이 변화되는 것, 그들에게 생명이 열리는 것, 이것보다 더 큰 표적은 없는 것이다. 그것이 바로 요나의 표적이다.

포도원지기의 불평

"먼저 온 자들이 더 받을 줄 알았더니 그들도 한 데나리온씩 받은지라 받은 후 집 주인을 원망하여 이르되 나중 온 이 사람들은 한 시간밖에 일하지 아니하였거늘 그들은 종일 수고하며 더위를 견딘 우리와 같게 하였나이다"(마 20:10-12)

오직 마태복음에만 기록되어 있는 이 비유도 여러 가지로 해석될 수 있는 비유 중 하나이다. 비유는 천국의 한 국면을 설명하기 위하여 예수님께서 자주 사용하시던 교육의 한 방법이었는데 이 말씀은 천국을 '품꾼을 얻으려고 이른 아침에 나간 집주인' 으로 비유하고 있다. 여기에 나오는 포도원의 주인은 일꾼이 필요하였다. 그래서 아침 일찍이 장터에 나가 노는 사람들을 데려다가 포도원을 위해 일하게 하였으며 한 데나리온씩 주기로 약속했다. 유대 지방에서 하루 일하는 품삯은 한 데나리온이었는데 대개 하루를 아침 6시부터 저녁 6시로 본다. 주인은 아침에도 나가서 품꾼을 데리고 오고 다섯 시에도 품꾼을 데리고 온다. 그리고 나중에 먼저 온 자나, 나중에 온 자나 모두 한 데나리온씩 나누어준다. 이것에 대하여 먼저 온 자들이 불평하는 것이 이 성경본문의 내용이다.

먼저 온 자들의 불평과 원망은 당연한 것이다. 왜냐하면 정당하게 보이지 않기 때문이다. 자신들은 그 시간만큼에 합당한 보수를 받아야 하는 것이다. 그런데 주인은 이렇게 말한다. "내 것이나 가지고 가라 나중 온 이 사람에게 너와 같이 주는 것이 내 뜻이니라 내 것을 가지고 내 뜻대로 할 것이 아니냐 내가 선하므로 네가 악하게 보느냐"마 20:14,15.

이것을 우리는 마지막 날에 받을 구원과 비교하여 생각할 수 있다. 우리는 먼저 믿었느냐, 나중 믿었느냐에 상관없이 한 데나리온의 구원을 받을 것이다. 그것은 누구나 똑같이 받을 것이다. 이 구원은 하나님의 것이며, 하나님이 주시는 것이므로 먼저 믿었으므로 더 큰 구원을 이루는 것도 아니고, 더 많은 구원을 받게 되는 것도 아니다. 모두가 똑같은 구원을 받게 될 것이다. 하나님은 자신의 것으로 나누어줄 때에 어느 누구의 방해나 제한도 받지 아니하신다. 오로지 하나님이 당신의 뜻대로 당신의 구원을 나누어주실 것이다. 이것이 하나님의 뜻이고 하나님의 자유, 공의이다.

그런데 다른 측면을 한번 생각해보자. 먼저 온 품꾼들이 받는 상급은 어떤 것일까? 구원은 한 데나리온으로 같았다고 해도 먼저 온 품꾼들이 누리는 축복이 있었다. 그것은 주인을 위하여 먼저 일하는 자들이 누리는 자유와 평강이었다.

품꾼들은 하루 벌어서 하루 산다. 그날 자신이 일할 곳을 찾는다는 것은 큰 평강이다. 아침부터 일자리를 찾고 열심히 일할 수 있다는 것은 한 데나리온을 보장받는 평화였다. 열심히 일하면 하루 가족을 먹일 수 있다는 평강이었다. 나중에 온 사람은 하루 종일 오늘도 공치는 것이 아닐까 하는 불안함으로 자기들에게 일을 시킬 주인들을 기다리고 있었다. 몸은 편안하였지만 마음은 불안하였다. 그러나 먼저 온 자들은 몸은 힘들었지만 마음은 평화로 넘쳤다. 우리는 어떤 것을 택할 것인가? 물론 전자이다. 주인의 농장에서 일할 수 있는 축복을 얻은 것은 놀라운 특권이다. 아무에게나 주어지지 않는 것이다. 먼저 믿음으로, 먼저 하나님 나라를 위하여 봉사한 것에 대하여 감사하자. 주님과 함께 하였다는 것 자체가 축복이요 상급이다. 이것은 아무에게나 주어지지 않는 특별한 축복이었다. 이것을 간과해서는 안 될 것이다.

천국의 비밀을 아는 달란트

"어떤 사람이 타국에 갈 때 그 종들을 불러 자기 소유를 맡김과 같으니 각각 그 재능대로 한 사람에게는 금 다섯 달란트를, 한 사람에게는 두 달란트를, 한 사람에게는 한 달란트를 주고 떠났더니"(마 25:14,15)

달란트의 비유는 우리에게 참으로 친근한 비유이다. 이 비유만큼 설교에서 많이 애용되는 성경본문은 없을 것이다. 이 말씀은 재림에 대한 교훈 가운데 주어진 말씀이다. 그럼 예수님은 달란트 비유를 통해 무엇을 말씀하시는가? 우리는 먼저 달란트가 무엇을 의미하느냐를 알아야 한다. 달란트는 돈이나 소유, 재산 또는 재능이나 능력, 혹은 일을 의미한다. 그것이 무엇이든지간에 여기서 예수님이 말씀하시고자 하는 의도, 즉 맡긴 것을 사용하라는 명령에는 차이가 없을 것이다. 하나님은 얼마나 이윤을 남겼는가에 관심이 있는 것이 아니고 얼마나 성실하게 그 명령에 순종했느냐에 관심을 가지신다. 또한 언제든지 꼭 셈을 하러 오신다는 의미에서 이 구절은 재림의 말씀 가운데 들어가 있다.

구속사적인 면에서 필자는 이 달란트를 천국 비밀을 아는 달란트, 혹은 천국 비밀을 아는 것을 허락받은 달란트로 본다. 마태복음

13장 11,12절에는 "천국의 비밀을 아는 것이 너희에게는 허락되었으나 저희에게는 아니 되었나니 무릇 있는 자는 받아 넉넉하게 되되 무릇 없는 자는 그 있는 것도 빼앗기리라."고 말씀하셨다. 하나님은 천국 비밀을 나누어 주시고 그것을 들고 나가 장사하여 이윤을 남기도록 하셨다. 즉 말씀의 씨앗을 뿌려 30배, 60배, 100배의 결실을 보도록 명령하셨다. 하나님이 다시 돌아와 회계하기까지 우리는 그의 말씀의 비밀을 알도록 허락받았다.

누구는 다섯 달란트만큼, 누구는 두 달란트만큼, 그리고 누구는 한 달란트만큼의 비밀을 부여받은 것이다. 그러므로 이 귀한 비밀을 깨닫도록 허락된 종들은 즉시 나가 이 달란트를 사용해야 한다. 적은 달란트를 받은 것은 우리의 책임이 아니라 하나님의 뜻이다. 그러나 사용하지 않은 것은 전적으로 우리의 책임이다. 달란트 자체에 대해서는 부끄러워할 필요가 없다. 그 달란트는 하나님의 것이기 때문이다. 사도 바울이 복음을 부끄러워하지 않은 이유도 그 복음이 하나님의 것이기 때문이었다. "내가 복음을 부끄러워하지 아니하노니 이 복음은 모든 믿는 자에게 구원을 주시는 하나님의 능력이 됨이라"롬 1:16. 그러나 이 달란트는 꼭 언젠가는 회계하려 주인이 온다는 것을 기억해야 하는 비유이다.

예수께서는 하나님 나라의 비밀이 숨겨져 있다고 말씀하셨다. 그래서 비유로 설명하시면서 "귀 있는 자는 들을지어다."라고 말씀하셨다. 들을 수 있는 자에게는 들리는 하나님 나라의 비밀, 이것을 맡았다는 것 자체가 복이고 상급이다. 그리고 특권일 뿐 아니라 기회이다. 달란트를 맡기셨다는 사실 자체가 우리에게 이미 복이고 상급임을 알아야 한다. 하나님이 우리에게 구원에 관한 일을 맡기셨다는 사실 자체가 놀라운 일이다. 하나님의 비밀을 맡은 자로서의 감격과 감사가 있어야 하겠고 그 특권 뒤에 따르는 책임을 게을리 해서는 안 된다. 더구나 맡기신 달란트를 사용하지 않는 이유를 하나님께 전가할 수 없다. 있는 자가 더 있게 되고 깨달은 자가 더 깨닫게 되는 원리, 그것이 하나님 나라의 비밀이고 원리이다. 하나님 나라가 감추어져 있으나 그 비밀을 사용하여 이익을 남기는 자열매는 그 아는 것이 더 풍성해진다.

네 죄사함을 받았느니라

"예수께서 그들의 믿음을 보시고 중풍병자에게 이르시되 소자야 네 죄사함을 받았느니라 하시니"(막 2:5)

본문의 말씀을 가지고 모범적인 설교를 할 때 대부분은 중풍병자를 데리고 온 친구들의 용기 있는 행동과 믿음에 초점을 맞춘다. 그들의 적극적인 믿음이 없었다면 이 환자의 치유와 구원은 이루어지지 않았을 것이다. 복음서를 보면 예수님은 종종 주위 사람들의 믿음을 보시고 병자를 고쳐주셨다. 그렇기 때문에 이 말씀을 통하여 우리들은 중보기도의 중요성이라든지, 친구들을 주님 앞에 데리고 나오는 믿음에 대해서 교훈을 받을 수 있다. 하지만 구속사적인 관점으로 이 성경말씀을 읽게 될 때 더 깊은 진리가 발견된다.

고질병인 중풍을 앓고 있는 한 사람이 있었다. 그 친구들은 예수님이 그 동네에 오셨다는 소식을 듣고 중풍병자를 이끌고 간다. 그런데 사람들이 너무 많이 모여 있어서 예수님을 만날 수가 없었다. 친구들은 지붕을 뚫고 중풍병자를 예수님과 만나게 하였고 예수님은 친구들의 믿음으로 인해서 고질병을 고쳐 주셨다. 그리고 예수님은 네 병이 나았다고 말씀하시지 않고 네 죄사함을 받았다고 선포하셨다. 그 말을 들은 서기관은 이상하게 생각했다. 죄사함은 오직 하나님만이 할 수 있는데 어떻게 예수라는 이 청년이 감히 죄사함을 선언할 수 있단 말인가? 그래서 그들은 "이 사람이 어찌 이렇게 말하는가 참람하도다 오직 하나님 한 분 외에는 누가 능히 죄를 사하겠느냐"7절라고 수군거렸다. 서기관들은 이 말을 이해하지 못했다. 병만 고쳐주면 되는 것이지 왜 하나님의 권한에 속한 죄사함까지 선포하는 것인가? 그들은 예수님이 월권행위를 한다고 생각했으며 이는 하나님께 대한 모욕이라고 생각하게 되었다. 이 생각을 아시고 예수님은 이렇게 말씀하셨다. "중풍병자에게 네 죄 사함을 받았느니라 하는 말과 일어나 네 상을 가지고 걸어가라 하는 말이 어느 것이 쉽겠느냐"9절. 물론 그들은 어느 일도 쉽게 할 수 있는 사람들이 아니었다. 병 고치는 것은 물론이고 죄사함도 줄 수 없는 서기관들이었다. 예수님이 이런 말씀을 하시게 된 데에는 중요한 동기가 있음을 서기관들이 알 리가 없었다.

중풍병자를 보신 주님은 단순한 그의 질병만 보신 것이 아니라 내면에 자리 잡고 있는 영적인 죄도 보셨다. 그래서 예수님은 중풍병자에게 병 고치심을 선포한 것이 아니라 죄사함을 선포하신 것이다. 내면의 영적인 죄의 자리를 용서하여 주심으로 육체적 병도 고침을 받은 경우가 이런 경우이다. 그리고 예수님은 이 사건을 통하여 당신이 하나님이심을 강조하신 것이 아니라, 하나님이시기 때문에 이러한 사건이 일어나게 되었음을 강조하셨다. 이런 사역을 하시는 것이 바로 이 땅에 오신 그분의 목적이었다. 사람들을 모든 질병으로부터 구원하시는 것이 예수님이 원하시는 일이었다.

그러므로 이 사건은 단순히 치유의 사건, 친구들의 믿음을 칭찬하는 사건이 아니라 예수님이 하나님이 되심을 나타내시는 사건이었다. 죄사함을 선포할 수도 있는 하나님이심을 선포하는 사건이다. 실상 '네가 병이 나았다' 라는 말도 소조sozo, '네가 구원 받았다' 라는 말의 어원은 모두 소조라는 말로 같다. 결국에 이 중풍병자의 치유는 죄로부터 구원을 받음으로 질병을 치유받는 경우이다. 예수님은 하나님이시므로 치유나 죄사함이나 똑같은 사건이요, 똑같이 쉬운 일이시다. 그리고 주님이 하시는 일은 의료사역이 아니라 구원사역이라는 것을 기억해야 한다.

내 장사를 예비하였느니라

"저가 힘을 다하여 내 몸에 향유를 부어 내 장례를 미리 준비하였느니라 내가 진실로 너희에게 이르노니 온 천하에 어디서든지 복음이 전파되는 곳에는 이 여자가 행한 일도 말하여 그를 기억하리라 하시니라"(막 14:8,9)

이 말씀은 여선교회 헌신예배 때에 즐겨 선포되는 말씀이다. 특히 여성의 헌신을 강조하려고 할 때 빠지지 않는 말씀이기도 하다. 특별한 헌신, 거룩한 낭비 등 여러 가지 제목으로 도덕적으로 설교가 되었고, 헌신이라는 주제에 초점이 모아졌던 성경본문이다.

그러나 이 성경본문을 이해하기 위해서는 마가복음이 어떤 주제로 기록이 되었으며 이 성경본문이 어떤 맥락 가운데 있는지 보아야 한다. 이 성경본문은 대제사장들과 서기관들이 예수를 죽일 계략을 세우는 말씀[14:1,2]과 가룟 유다가 예수를 넘겨주려고 대제사장들에게 가는 말씀[14:10,11] 사이에 삽입되어 있다. 대제사장들은 예수를 죽일 계략을 세우지만 되도록 명절에는 그 일을 실행하지 않을 생각이었다. 무수히 모인 군중이 어떻게 행동할지 모르기 때문이었다. 이 명절은 유월절과 무교절이었다.

마가복음은 죽으러 오신 예수님을 말씀하고 있는 복음서이다. 마가는 종으로 오신 예수, 섬기러 오신 예수, 그리고 죽으러 오신 예수, 그분의 메시아성에 대해 조심스럽게 밝히고 있다. 그러나 불행하게도 제자들까지도 예수님의 메시아성에 대해 이해를 하고 있는 것 같지는 않다. 마가는 이것이 정말 답답하였다. 사람들이 예수의 사역과 본질을 이해하기보다는 예수님을 정치적인 메시아, 권세 있는 선생, 병을 고쳐주는 선지자, 사회사업자, 사회혁명가로 이해하고 있는 것 같았기 때문이다. 그것을 안타깝게 생각하고 있는 마가는 이 여인의 고백을 통해 중요한 메시지를 남기고 있는데 그것은 바로 예수님은 우리 죄를 대속하기 위하여 죽으러 오신 하나님이시라는 고백이다.

함께 하고 있었던 사람들은 이 여인이 붓는 향유, 그리고 그 향유의 가격에만 관심이 있었다. 그것을 가난한 자들에게 나누어준다면 얼마나 좋겠는가? 단 한번에 300데나리온에 해당하는 기름이 낭비되다니! 주위 사람들은 그 여인을 책망하였다.

하지만 이 여인은 중요한 고백을 하고 있다. 이 여인은 죽으러 오신 예수님에게 장례를 예비하는 기름부음을 붓고 있는 것이다. 태어날 때에도 기름부음을 받으시고, 태어난 후에도 동방박사로부터 왕, 선지자, 제사장이 받는 기름부음의 선물을 받으신 주님은 이제 죽으러 가시는 길에 기름부음을 받으신다. 그래서 이 성경본문이 제사장들의 모의와 예수를 팔 것을 행동으로 옮기는 말씀 사이에 들어가 있다. 그 사이에서 예수님은 죽음을 향한 기름부음을 받으신다.

한 연약한 여성으로부터, 한 가난한 여성으로부터 모든 것을 다 바쳐 고백을 받게 된다. “당신은 죽으러 오신 그리스도이십니다.” 또한 이 여인은 예수님의 머리에 기름을 부으면서 “당신은 왕 중의 왕이십니다.”라고 고백한다. 죄 많은 한 여인을 통하여 예수님의 메시아왕 대관식이 치러지고 있는 것이다. 그러므로 이 성경말씀이 헌신에 대해 강조하고 있다고 생각하기보다는 그 여인의 상징적 행동, 고백이 어떤 의미를 가지고 있는지 보아야 한다. 그래야 이 말씀의 진정한 의미가 우리에게 전달될 것이다.

죽기 전에 하나님 나라를 볼 자들

"내가 참으로 너희에게 이르노니 여기 섰는 사람 중에 죽기 전에 하나님의 나라를 볼 자들도 있느니라 이 말씀을 하신 후에 팔 일쯤 되어 예수께서 베드로와 요한과 야고보를 데리고 기도하시러 산에 올라가사 기도하실 때에 용모가 변화되고 그 옷이 희어져 광채가 나더라 문득 두 사람이 예수와 함께 말하니 이는 모세와 엘리야라 영광 중에 나타나서 장차 예수께서 예루살렘에서 별세할 것을 말할새"(눅 9:27-31)

27절의 말씀, "여기 섰는 사람 중에 죽기 전에 하나님 나라를 볼 자들도 있다."라는 말씀으로 인하여 조속한 재림이 임한다고 생각한 사람들이 많이 있었다. 그 가운데 하나가 사도 바울이기도 하다. 그래서 장가도 안가고 재림을 기다리다가 나중에 지연된 재림론으로 수정하기도 하였다.

모세와 엘리야는 예수님이 예루살렘에서 별세하실 것을 예언했는데 '별세' departure라는 단어의 원어의 뜻은 '출애굽' exodus이다. 모세와 엘리야는 예수님이 참 출애굽 하실 것을 예언한 것이다. 즉 그의 고난과 십자가상에서의 죽음이 구원과 영광에 이르는 출애굽임을 선포하고 있는 것이다. 예수님의 참 출애굽은 부활에서 보게 될 것이다.

죽기 전에 하나님 나라를 볼 자들이 있다는 말씀에서 과연 하나님 나라를 본다는 것이 무슨 의미일까? 이 말씀은 문맥 전후를 보아야만 이해할 수 있다. 이 말씀 전에 베드로가 예수님에게 "하나님의 그리스도이시니이다."9:20라고 고백한다. 그런 고백이 있는 후, 변화산상의 사건이 일어난다. 예수님이 변화를 받으시면서 하나님의 그리스도이신 것을 증명한다. 그리고 그런 변화산상의 사건이 있은 후, 네 복음서에서는 모두 귀신을 내어 쫓는 역사가 따라 나온다. 이 귀신을 내어 쫓는 장면에서 무엇이 이루어지고 있을까? 그것이 바로 하나님의 나라이다. 마태복음 12장에서 분명하게 이렇게 주님은 말씀하고 있다.

> "그러나 내가 하나님의 성령을 힘입어 귀신을 쫓아내는 것이면 하나님의 나라가 이미 너희에게 임하였느니라" 마 12:28

귀신을 내어 쫓고 주인을 바꾸면 사탄의 나라가 이제는 하나님의 나라가 된다는 말씀이다. 어떻게 하나님의 나라가 이루어지며, 어떻게 죽기 전에 하나님 나라를 볼 수가 있겠는가? 주인을 바꾸고 하나님의 통치를 받게 되면 그곳에 하나님의 나라가 이루어진다.

하나님의 나라는 지역의 개념이 아니고 통치의 개념이다. 하나님의 나라가 너희 안에 있다는 말씀도 내 마음에 있다는 말씀이라기보다는 하나님을 믿는 우리들 가운데 in the midst of 있다는 뜻이며, 우리들의 관계 속에 존재한다는 의미이다.

이런 내용을 이해하지 못하고 조속한 재림론에 빠졌던 초대교회는 나중에 지연된 재림론을 주장하게 된다. 필자는 여기에서 그 제자들이 이미 하나님의 나라를 보았다고 믿는다. 귀신들이 쫓겨 나가고 하나님의 통치가 이루어지는 사람들, 교회들, 그리고 사회는 이미 하나님의 나라를 본 것이다. 예수님을 그리스도, 곧 왕으로 고백하고 그분을 믿고, 그분의 이름의 능력과 권위로 귀신을 내어 쫓는다면 우리도 죽기 전에 하나님 나라를 볼 자들이 될 것이다.

옳지 않은 종을 칭찬하였으니

"주인이 이 옳지 않은 청지기가 일을 지혜 있게 하였으므로 칭찬하였으니 이 세대의 아들들이 자기 시대에 있어서는 빛의 아들들보다 더 지혜로움이니라"(눅 16:8)

성경에 나오는 비유 가운데 가장 이해하기 어려운 것이 바로 이 불의한 종의 비유이다. 이 불의한 종의 비유에서는 어떤 메시지를 주고 싶은 것일까? 행동이 의롭지 못하여 불의한 종이라고 불림을 받으면서도 왜 주인에게 칭찬을 받았을까?

비유의 시작은 주인이 이 불의한 종이 주인의 소유를 낭비한다는 소식을 듣고 불쾌하여 그를 불러 이제 더 이상 청지기 일을 할 수 없으니 셈을 하자고 말을 하면서부터이다. 이제 불의한 청지기에게 위기가 닥친다. 그러자 그는 재빨리 머리를 굴린다. 자기가 일을 잃어버린 후에도 도움을 받을 수 있는 사람들을 만들기 위하여 빚진 자들을 불러 빚을 탕감해준다.

필자는 이 글을 읽으면서 이 불의한 종이 주인의 재산을 빚진 자들에게 탕감을 해 주었으니 이유를 불문하고 이 빚진 자들이 너무 행복하였으리라는 생각이 들었다. 그리고 이 불의한 종도 일을 잃어버린 후에 찾아가서 도움을 청할 사람이 생겼으니 마음에 위로를 갖게 되었을 것이다. 하지만 문제는 이 재산의 실제 주인이 이것을 어떻게 받아들이는가에 있다.

그런데 이외로 주인이 이 옳지 않은 종을 칭찬을 한다. 왜 주인은 이 불의한 종을 칭찬하였는가? 첫째로 주인은 이 종에게서 위기에 대처한 지혜를 보게 된다. 그래서 빛의 아들들그 당시 에세네파들은 자신들을 빛의 아들이라고 생각했다보다 더 지혜롭다고 칭찬을 아끼지 않는다. 둘째로 이 일이 주인의 마음에 들었던 것 같다.

그렇다면 주인의 마음을 한번 헤아려 보겠다. 주인은 실상 그 재산이 그렇게 중요하지는 않았을 것이다. 그 주인은 재산이 많았을 터이고 이 청지기가 누구에게 얼마를 꾸어주었는지조차도 모를지 모른다. 청지기가 그것을 다 꾸어주고, 이자도 받고, 자기 수고비도 받았을 것이다. 그런데 주인은 똑같은 낭비이지만 관리를 잘못하여 낭비하는 것과 빚진 자를 탕감해주는 것과는 차이가 있다고 보았다. 이번에는 옳지 않은 낭비로 인하여 주인의 명예는 더 올라갔으며, 빚진 자로부터 감사가 올라오게 되었을 것이다. 결과적으로 이 불의한 청지기는 주인의 마음에 드는 일을 하게 된 것이다. 주인을 기쁘게 할 의도는 전혀 없었지만 이 일이 주인에게도 유익하게 된 것이다. 돈만 아는 주인이라는 말 대신에 나누어줄 줄 알고 탕감할 줄 아는 훌륭한 부자로 사람들 머릿속에 각인을 주는 계기가 되었다.

이런 점에서 보면 이 비유에 나오는 삼자三者가 모두 행복해졌다. 빚을 진 사람은 탕감 받아서 기쁘고, 불의한 종은 주인의 칭찬을 받아서 기쁘고, 주인은 옳지 않는 종의 지혜로운 행동을 보고 기뻤다. 여기에서 칭의稱義의 사건을 보게 된다. 그 행위가 옳았느냐 아니냐에 초점을 맞추지 아니하고 주인이 인정하고 옳다고 하였는가에 초점을 맞춘다. 바리새인들은 엄격한 율법을 지키는 것에 초점을 두지만 예수님의 비유에서는 하나님의 은혜에 관심이 있다는 것을 이곳에서도 보게 된다. 하나님의 의도와 관심이 어디에 있는지 아는 것이 더 중요하다. 옳고 그름을 결정하는 분은 주님이시고, 주님이 옳다고 칭찬하셨으면 그것은 옳은 것이 된다. 결정은 주인이 하기 때문이다.

그 아홉은 어디 있느냐?

"예수의 발 아래에 엎드리어 사례하니 저는 사마리아 사람이라 예수께서 대답하여 이르시되 열 사람이 다 깨끗함을 받지 아니하였느냐 그 아홉은 어디 있느냐"(눅 17:16,17)

이 본문에 따르면 여러 곳의 성과 촌을 다니시며 전도하시던 예수님의 일행은 예루살렘으로 향해 가시던 중 사마리아와 갈릴리 사이로 지나가시게 되었다. 한 촌에 들어가자 문둥병자 열 명이 예수님을 바라보며 멀리 서서 이렇게 간청하였다. "예수 선생님이여, 우리를 긍휼히 여기소서." 그러자 예수님은 네 병을 고쳐주겠다든지 아니면 기도해 주시겠다는 말씀도 하지 않고 "가서 제사장들에게 너희 몸을 보이라."고 말씀하셨다. 순종하고 제사장에게 뛰어가던 중 그들은 자기들의 몸이 깨끗하게 되었음을 알게 되었다.

그 중의 한 사람이 고침을 받은 것을 알고 큰 소리로 하나님께 영광을 돌리며 돌아와 예수의 발 아래 엎드려 감사를 드렸다. 그런데 돌아온 사람이 바로 사마리아인이었다. 예수님은 "열 사람이 다 깨끗함을 받지 아니하였느냐 그 아홉은 어디 있느냐 이 이방인 외에는 하나님께 영광을 돌리러 돌아온 자가 없느냐."고 하시면서 돌아온 그에게 "일어나 가라 네 믿음이 너를 구원하였느니라."고 말씀하셨다17-19절.

문둥병자 열 명이 고침을 받았다. 그것도 가까이에서 안수를 받은 것도 아니고 단지 말씀으로 고침을 받게 되었다. 그들을 불쌍히 여기신 예수님의 긍휼이 10명에게 골고루 내렸던 것이다. 예수님의 긍휼이 임하는 곳에, 자비가 임하는 곳에 병 고침의 역사, 구원의 역사가 일어난다. 이렇게 어려운 처지에 놓여 있던 문둥병자들이 일제히 고침을 받게 되었다. 그러나 돌아와서 예수님께 감사를 한 사람은 사마리아인 한 명뿐이었다.

이 말씀은 문둥병을 치유 받은 것도 중요하지만 이에 대해서 감사와 경배를 표하는 것도 참으로 중요한 일임을 강조하고 있다. 9명의 문둥병자들은 고침을 받았지만 예수님께 감사하지 않았다. 그들에게는 각각 나름대로 돌아오지 못한 이유가 있었을지도 모른다. 예수님께로 돌아온 이 문둥병자는 자신을 괴롭히던 고질적인 질병으로부터 깨끗함을 받게 되자 놀라움과 기쁨으로 예수님께 다시 돌아왔다. 그는 기쁜 마음으로 예수님께 감사를 표시했다. 그러자 주님은 "이 이방인 외에는 하나님께 영광을 돌리러 돌아온 자가 없느냐." 하시고 이 나음을 받은 문둥병 환자에게 진정한 구원을 선포하셨다. "일어나 가라 네 믿음이 너를 구원하였느니라"19절.

이 말씀을 통해서 우리가 깨달을 수 있는 것은 이 문둥병자가 문둥병만 치유 받은 것이 아니라 마음의 병과 영적인 병까지 온전히 치유를 받았다는 사실이다. 그리고 감사하러 돌아온 순간에 이 사람은 온전히 치유를 받았다는 사실이다. 감사하는 마음, 경배하는 마음, 하나님과 대면하는 신앙생활이 이루어질 때, 이것이 참으로 온전한 치유라고 볼 수 있다. 이 문둥병 환자는 육체도 치유 받았지만 예수님과의 관계도 회복이 되었다. 그리고 감사의 생활을 시작하게 되었다. 이러한 감사가 최고의 치유의 열매이다. 이 문둥병자는 감사함으로 자신의 치유를 완성하였다. 세상에서는 약으로 육체만을 고치겠지만 예수님은 영, 혼, 몸, 생활까지 다 고쳐주시는 분이시다. 감사가 있는 생활, 이 생활이 치유의 가장 큰 열매, 치유의 완성이다.

이 사람도 아브라함의 자손이다

"예수께서 이르시되 오늘 구원이 이 집에 이르렀으니 이 사람도 아브라함의 자손임이로다 인자의 온 것은 잃어버린 자를 찾아 구원하려 함이니라"(눅 19:9,10)

이 본문은 오직 누가만 기록하고 있는 것으로서 특히 누가의 신학이 돋보이고 있는 대목이다. 이 본문을 이해하기 위해서 우리는 '누가 신학' 을 이해해야 하는데 누가는 복음서를 기록하면서 인간으로 오신 예수를 강조하고 있다. 또한 희랍인이었던 누가는 모든 이방인들까지도 구원받을 수 있다는 믿음을 가지고 만민구원을 위한 복음, 특별히 가난한 자와 소외된 자, 유대인과 이방인, 종과 자유인 모두를 위한 우주적인 복음을 강조하고 있다. 그렇기 때문에 누가복음은 사회의 구원을 많이 강조하고 있다. 바로 그것이 하늘나라에서 내려오셔서 이 땅에서 성육신하신 예수님이 관심을 가졌던 일이었기 때문이다.

성경 본문은 여리고에서 예수님이 삭개오를 만나는 장면이다. 삭개오는 세리장으로서 사회적으로 천대받고 환영받지 못하는 사람이었는데 유명한 예수님이 그 거리를 지나가신다는 말을 듣고 먼저 길가에 있는 돌무화과뽕나무 나무 위로 올라가서 기다린다. 예수님은 삭개오의 이름을 부르며 내려오라고 한 뒤, 삭개오의 집에 머무시겠다고 말씀하신다.

삭개오는 급히 내려와 예수님을 초청하여 집으로 모신 뒤, 어떤 과정이 있었는지 모르지만 예수님 앞에서 회개의 행동을 결단한다. 무엇을 했길래 이런 놀라운 변화와 회개의 역사가 일어난 것일까?

여러 가지로 생각할 수 있지만 기름부음으로 해석하면 간단하게 이해가 된다. 예수님을 만나면 기름부음을 받게 된다. 예수님의 영광 앞에 서게 되면 기름부음을 받는 것이다. 그리고 그 기름부음 앞에서 자신의 모습을 보게 되고, 자신이 얼마나 참담한 죄인인가를 알게 된다. 마치 욥이 하나님 앞에서 자신이 누구인가를 알고 자신이 무엇을 해야 하는가를 아는 것과도 같다.

여기에서 우리가 관심을 가져야 할 것은 삭개오의 회개보다도 예수님의 사랑이다. 잃은 자를 찾으러 오신 예수님의 사랑을 보아야 한다. 예전에 우리가 삭개오에 대하여 들을 때에는 항상 뽕나무가 강조되었다. 우리는 뽕나무 위에 올라간 삭개오만 보았을 뿐, 모든 잃어버린 자들을 위하여 이 땅에 오신 예수님의 구속의 사랑을 보지 못하였던 것이다.

단지 예수님의 얼굴만이라도 보기만을 원하였던 삭개오에게 이름을 불러 뽕나무에서 내려오게 하시고, 그 집에 유하시겠다고 하시는 예수님의 사랑. 그리고 그에 대하여 죄를 지적하시고 회개하라고 말씀하시지는 않았지만 놀라운 주님의 영광 앞에서 삭개오는 자신의 삶이 얼마나 하나님으로부터 멀리 있었던가를 알게 된다. 삭개오는 재산의 반을 가난한 자들에게 나누어주기를 결단한다. 그리고 이 물질은 가난한 자들의 재물을 착복하여 눈물을 흘리게 하였던 상처를 만져준다. 그래서 서로 감사하는 관계로 회복시킨다. 하나님을 만나면 내가 누구인지 안다. 그리고 내가 누구인지 알면 내가 무엇을 해야 되는지 안다. 이렇게 삭개오의 회개를 가지고 온 이는 예수 그리스도, 잃어버린 한 사람을 찾으러 오신 예수님의 구속의 사랑이었다. 이 사람도 아브라함의 자손이다. 구원받은 자손이다.

내 때가 이르지 아니하였나이다

"예수의 어머니가 예수에게 이르되 저희에게 포도주가 없다 하니 예수께서 가라사대 여자여 나와 무슨 상관이 있나이까 내 때가 아직 이르지 못하였나이다 그 어머니가 하인들에게 이르되 너희에게 무슨 말씀을 하시든지 그대로 하라 하니라"(요 2:3–5)

이 성경본문은 주님께서 제일 먼저 일으키신 기적의 사건이다. 특별히 물이 포도주로 변하는 기적으로 인하여 우리에게 너무 친근한 말씀이다. 이 성경말씀도 포도주에 모든 관심이 집중되어 있었다. 가나의 결혼잔치에서의 기적의 진정한 의미는 지나쳐 버리고 포도주에만 관심을 갖는다면 그것도 구속사적으로 말씀을 읽는 것이 아니다. 가끔 이 말씀은 예수님이 우리 결혼에 함께 하시면 이렇게 포도주처럼 달콤한 결혼생활이 계속된다는 의미로 사용되기도 하였다. 하지만 이것은 결혼에 대한 말씀을 주려는 말씀이 아니라 예수님이 하나님의 아들이심을 선포하는 데 주요 목적이 있는 말씀이다.

이 성경말씀을 잘 이해하기 위하여 요한복음 전체의 주제로 들어가 보자. 요한복음은 하나님으로 오신 예수 그리스도를 전파하고 있다계 4:7. 요한복음의 상징동물은 독수리이다. 하늘로부터 내려온

독수리, 그와 같이 말씀이 육신이 되어 이 땅에 오신 예수님의 신성을 논하고 있는 것이다. 그러한 예수님에 대하여 세례요한과 나다나엘은 이렇게 증언하고 있다. "보라 세상 죄를 지고 가는 하나님의 어린 양이로다"요 1:29. "나다나엘이 대답하되 랍비여 당신은 하나님의 아들이시요 당신은 이스라엘의 임금이로소이다"요 1:49. 그러자 예수님은 이렇게 대답하신다. "너는 더욱 큰 일을 볼 것이다"요 1:50.

그리고 더욱 큰 일이 가나의 결혼잔치에서 일어난다. 어머니 마리아가 포도주가 떨어졌다고 예수님께 문제를 들고 온다. 그러자 예수님은 분명하게 내 때가 아직 이르지 아니하였다고 대답한다. 어머니 마리아는 하인들에게 이 분이 시키는 것은 그대로 다 하라고 명령한다. 그리고 예수님이 베푸시는 기적이 나타난다. 이 기적이 아마도 나다나엘이 더욱 큰 일을 보는 것에 속할 것이다.

그렇다면 예수님의 때는 언제인가? 그 때는 하나님이 인정하고 땅이 인정하는 때이다. 하나님의 때는 이미 하늘에서 이루어졌지만 땅에서도 이루어져야만 하는 것이다. 이 땅에서 이루어지는 것은 어머니 마리아의 신앙고백을 통하여 이루어진다. 어머니는 그 예수님을 이렇게 고백한다. "당신은 하나님의 아들이오니 이 문제를 해결하실 수 있습니다. 이제부터 하나님의 일을 하십시오. 이제는 저의 아들이 아니라 하나님의 아들이십니다." 어머니 마리아는 평생 가지고 있던 비밀, 천사가 가르쳐주었던 그 비밀을 현실에 나타나도록 예수님을 파송한다. 예수님의 때가 이루어진 것이다. 하늘에서도 이루어진 것이 비로소 땅에서도 이루어진다. 가장 가까이에서 그분을 하나님이라고 고백하기 어려운 어머니를 통하여 예수님은 그 고백을 받으신 것이다. 예수님은 즉시 명령하셨고 하나님의 아들이심을 드러내셨다. 그 기적을 통하여 제자들이 믿는 사건이 일어난 것이다. 그러므로 이 성경본문은 단순한 기적이 아니라 예수님이 하나님의 아들로서 일하실 수 있도록 고백하며 파송하는 어머니 마리아의 신앙고백에 관심을 두어야 할 것이다. 이 때문에 요한복음이 전하려고 하는 예수님의 신성을 가장 잘 표현한 말씀일 것이다. 요한은 여기에서도 그분이 스스로 존재하는 자, 하나님이심을 선포한다.

그가 내 안에, 내가 그 안에

"너희가 내 안에 거하고 내 말이 너희 안에 거하면 무엇이든지 원하는 대로 구하라 그리하면 이루리라"(요 15:7)

처음에 필자가 신앙생활을 할 때, 가장 이해가 되지 않는 말씀이 바로 이 말씀이었다. 어떻게 그분이 내 안에, 그리고 동시에 내가 어떻게 그분 안에 거할 수 있는지 이 말씀이 전혀 이해되지 않았다. 그런데 이 말씀이 천상에 갔을 때, 이해가 되었다.

천상에 갔을 때, 천상의 공기는 사랑이라는 것을 알게 되었다. 나는 사랑이라는 공기 안에 들어갔다. 그런데 놀라운 것은 내 몸에도 사랑이 가득 차 있다는 것이었다. 사랑 안에 들어가 있으므로 나의 존재는 사랑이라는 공기 안에 모두 들어가 있는 것이다. 나는 사랑이라는 것 이외에는 생각할 수도, 행동할 수도 없었다. 나는 사랑을 호흡해야만 했다. 왜냐하면 나는 사랑이라는 공기 안에 있었기 때문이다. 지상에 내려왔을 때, 나는 이 지상의 공기 안에 있었다. 그리고 그 공기를 마셨을 때, 내 몸이 그 공기로 가득 차게 되었다. 나는 공기를 호흡하였다. 내가 공기 안에, 공기가 내 안에 있는 체험을 하게 되었다.

이 신비한 체험, 내가 그리스도 안에, 그리스도가 내 안에 있다는 말이 무엇을 의미하는지를 이렇게 체험하게 된 것이다. 내가 그리스도 안에 들어가 있을 때, 나는 온통 그리스도라는 공기 안에 서 있게 된다. 나의 세포도, 나의 호흡도 모두 그리스도라는 공기를 호흡하면서 말이다. 그래서 내가 그리스도 안에 있었더니, 내 안이 그리스도로 충만하게 되는 것이다.

이 말을 다른 말로 표현한다면 영원한 합일이라는 말로 표현될 것이다. 나와 그리스도와 합일에 이르는 비밀, 그 비밀은 첫째 우리가 그리스도 안에 들어가는 것이다. 그러면 우리는 그리스도의 충만함 가운데 거하게 된다. 내 안에도, 내 밖에도 온통 그리스도다. 나는 그리스도 안에 있고, 그리스도를 호흡한다. 이것처럼 확실하게 합일을 표현하는 말은 없다. 안에도 밖에도 그리스도이다. 천국에서 안에도 밖에도 사랑이라는 것으로 둘러싸여 있었던 것처럼. 지상에서 안에도 밖에도 공기라는 것에 둘러싸여 있는 것처럼.

이 말을 다시 성막으로 이해하여 볼 때, 이해가 쉬워진다. 내가 성막 안으로 들어가고, 그 성막의 모든 거룩한 기구를 우리 안으로 가지고 들어오면 내가 그 안에, 그가 내 안에 거하는 일이 이루어진다. 내 안에 성막을 세우게 되어 그분이 내주 내재하시게 되면 내가 그 안에, 그가 내 안에 거하는 것을 체험하게 된다.

무엇보다도 이 합일에 있어서 가장 중요한 것은 내가 먼저 그리스도 안에 들어가야 한다는 것이다. 내가 그리스도 안에 들어가면 내 온 몸이 그리스도로 채워진다. 내가 바다 속에 들어가면 내 몸에 모두 물이 가득 찬다. 바로 그런 관점에서 내가 먼저 그리스도 안에 들어가는 것이 중요하다. 그렇게 될 때 우리는 그리스도와 하나가 되며 그리스도의 열매가 주렁주렁 맺게 될 것이다.

*내가 성막 안으로, 성막이 내 안으로라는 말을 더 잘 이해하기 위하여 『성령의 은사로 신령한 집 세우기』윤남옥 지음, 도서출판 진흥 책을 참고하라.

나의 주여 나의 하나님이시여

"도마가 대답하여 이르되 나의 주님이시요 나의 하나님이시니이다 예수께서 이르시되 너는 나를 본 고로 믿느냐 보지 못하고 믿는 자들은 복되도다 하시니라"(요 20:28,29)

예수님의 제자들 중에서 의심이 가장 많은 제자는 도마였다. 공관복음서에는 단지 그의 이름이 12제자의 명단에만 들어있지만, 요한복음서에서는 네 군데에 나타나 있는 인물이다요 11:16; 14:5; 20:24-28; 21:2. 그는 희랍어로는 디두모라고 불리고 있는데 이것은 도마라는 이름이 아람어의 '쌍둥이'라는 말과 비슷했기 때문이다. 요한복음에 나타나고 있는 도마는 예수와 함께 고난을 받으려는 기백과 정열을 가지고 있는요 11:16 반면에 또한 이성적으로 판단하고 증명되어야 믿을 수 있었던 성격이었던 것 같다요 14:5; 10:15. 예수님이 고별설교를 하실 때에도 다른 제자들은 그대로 듣고 있었지만 도마는 "주여 어디로 가시는지 우리가 알지 못하거늘 그 길을 어찌 알겠삽나이까?"라고 물었으며, 주님은 "내가 곧 길이요 진리요 생명이니 나로 말미암지 않고는 아버지께로 올 자가 없느니라."요 14:6라고 대답하셨다.

요한복음은 예수님의 신성을 강조하고 있다. 그래서 족보에 대한 기록도 없을뿐더러 예수님을 독수리처럼 갑자기 하늘에서 내려오신 분으로 묘사하고 있다. "태초에 말씀이 계시니라 이 말씀이 하나님과 함께 계셨으니 이 말씀은 곧 하나님이시니라 그가 태초에 하나님과 함께 계셨고 만물이 그로 말미암아 지은 바 되었으니 지은 것이 하나도 그가 없이는 된 것이 없느니라"요 1:1-3. 요한은 복음서 마지막을 이렇게 끝을 맺고 있다. "오직 이것을 기록함은 너희로 예수께서 하나님의 아들 그리스도이심을 믿게 하려 함이요 또 너희로 믿고 그 이름을 힘입어 생명을 얻게 하려 함이니라"요 20:31, "예수의 행하신 일이 이 외에도 많으니 만일 낱낱이 기록된다면 이 세상이라도 이 기록된 책을 두기에 부족할 줄 아노라"요 21:25. 하나님으로 오셔서 많은 기적과 이사를 행하신 예수님의 일을 낱낱이 기록하면 세상이라도 면적이 부족하여 다 간직할 수 없다는 표현으로 예수님의 사역을 묘사하고 있는 것이다.

여기에 도마의 사건이 20장에 기록되어 있다. 이것은 요한복음 앞에서 두 번째 장에 가나의 결혼잔치가 나오는 것과 연결되어 있다. 요한복음은 예수님의 신성을 강조하기 위하여 두 사람을 등장시킨다. 앞에서는 어머니 마리아, 뒤에서 두 번째에는 도마를 등장시킨다. 만일 어머니 마리아와 의심 많은 도마가 인정하였다면, 예수님의 신성을 고백하였다면 분명 하나님이 아니시겠느냐고 요한은 증명하고 있는 것이다..

도마는 보지 않고는 믿을 수 없는 사람이었다. 그러나 마지막에 손가락을 내밀어 예수님 옆구리에 넣어보라고 하자 예수님을 하나님으로 고백하고 있다. 이성적인 시대, 합리적인 시대에 꼭 만져보고, 확인해야 믿는 시대에 사는 우리들에게 도마가 대표하여 그 일을 감당하고 있다. 요한은 도마로 하여금, 더 이상 그분이 하나님이 아니시고 단지 인간이었다는 주장을 무효화시키고 있다. 도마는 부활하신 주님의 옆구리를 직접 눈으로 본 사람이다.

도마는 이렇게 고백한 후, 인도에 가서 전도를 하였고, 그곳에서 원주민의 창에 맞아 순교한다. 그 때에도 "나의 주여, 주님을 예배합니다."라는 귀한 말을 남기고 평강 속에 순교한다. 도마까지도 고백하고 인생을 드렸던 예수님이라면 우리에게도 그분이 하나님이 아니시겠는가?

네가 나를 사랑하느냐?

"세 번째 가라사대 요한의 아들 시몬아 네가 나를 사랑하느냐 하시니 주께서 세 번째 네가 나를 사랑하느냐 하시므로 베드로가 근심하여 이르되 주여 모든 것을 아시오매 내가 주님을 사랑하는 줄을 주께서 아시나이다 예수께서 가라사대 내 양을 먹이라"(요 21:17)

베드로는 예수님의 수제자였다. 그는 성격이 활달하고 무엇이든지 적극적이어서 예수님의 사랑을 받던 세 제자 가운데 하나였다. 사도 요한이 예수님의 사랑을 가장 많이 받은 제자라고 한다면 베드로는 아마도 예수님의 가장 큰 신임을 받았던 수제자였을 것이다. 그는 옥에도, 죽는 데도 예수님을 따라갈 것이라고 장담했다[눅 22:33]. 또한 자신이 어떤 상황에서도 주님을 부인하지 않겠다고 선포했다[마 26:33-35]. 활달하고 급하고 정열적이었던 그는 예수님의 수제자로서 부족함이 없는 훌륭한 일들을 행하였던 것 같다.

그런데 예수님께서 대제사장에게 끌려가 심문을 받게 되자 베드로는 두려움에 빠졌다. 대제사장 가야바의 집 뜰에서 베드로는 예수님이 나를 따르라고 하신 말씀의 진위를 깨닫게 된다. 그것은 사람을 낚는 어부가 되는 길이지만 자신의 생명까지도 포기하지 않으면 안 되는 길임을 알게 되는 것이다. 나를 따르라고 하는 말씀이 나의 죽음까지도 따라오라는 말씀으로 깨닫게 된다. 그래서 주님을 철저하게 모른다고 부인하고 도망가 버린다.

예수님을 위해서라면 무엇이든지 할 수 있다고 생각한 베드로가 처음으로 실패를 경험했다. 누구보다도 주님을 사랑한다고 생각한 수제자 베드로가 어이없게도 주님을 세 번이나 부인한 것이다. 베드로는 통곡을 하였다. 그 당시의 베드로의 마음이 어떠하였는지는 충분히 상상할 수 있다. 그 이후 제자들과 함께 다시 고기를 잡으러 나갔고 부활하신 주님은 그 어부들이 있는 현장으로 찾아오신다. 예수님은 베드로와 대면하시고 "너는 나를 사랑하느냐?"라고 물으신다.

엘리야도 그랬고 베드로도 그랬다. 예수님은 한번도 정죄하거나 그동안의 부족함에 대하여 책망하지 않으셨다. 다시 한 번 더 사랑을 확인하셨을 뿐이다. 엘리야는 하나님께서 먹이셨다. 이런 저런 이야기로 그들의 용기를 끌어내리는 말씀도 없었고, 탓을 하거나 정죄하지도 않으셨다. 둘의 공통점은 무조건 먼저 먹이시는 장면이 나온다는 것이다. 천사를 통하여 물과 떡을 공급하신 하나님, 그리고 생선을 구워 함께 잡수시기를 시작한 예수님.

예수님은 깊은 대화 가운데 다시 베드로를 일으키신다. 그리고 주님의 양떼를 베드로에게 맡기신다. 바로 여기에서 구속사적 사랑을 읽을 수 있다. 쓰러져서 죄책감을 가지고 있는 베드로를 다시 일으켜 세워주시는 주님의 사랑, 그들의 죄악보다도 더욱 큰 주님의 사랑이 이 장면에서 우리의 마음을 친다. 베드로를 일으켜서 주님의 양떼를 다시 일으키시기를 원하는 초월적인 주님의 사랑도 만날 수 있다. 예수님은 "네가 차마 그런 식으로 나올 줄을 몰랐다."라고 책망하시지 않고 "나는 네가 그러리라고 말하지 않았느냐? 나는 이미 너의 연약함을 알고 있었다."라는 식으로 부드럽게 베드로를 다시 일으키신다. 예수님의 사역은 이렇게 우리의 죄악을 넘어서는 은혜, 다시 일으켜 세우시고 회복시키시는 사랑의 사역이다. 그러한 사역으로 인해 우리가 다시 회복한다.

왜 우리를 주목하느냐?

"베드로가 이것을 보고 백성에게 말하되 이스라엘 사람들아 이 일을 왜 놀랍게 여기느냐 우리 개인의 권능과 경건으로 이 사람을 걷게 한 것처럼 왜 우리를 주목하느냐 아브라함과 이삭과 야곱의 하나님 곧 우리 조상의 하나님이 그의 종 예수를 영화롭게 하셨느니라"(행 3:12,13)

능력목회를 하다보면 능력의 종이라는 말을 듣게 되고, 또한 하나님이 받으셔야 할 모든 영광을 가로채는 경우들이 많이 생긴다. 그래서 하나님의 이름보다는 능력의 종의 이름을 더 높이고 그로부터 나오는 능력으로 인하여 팬클럽이 형성되기도 한다. 이러한 일로 인하여 능력목회를 하다가 타락한 사람들이 하나 둘이 아니다.

베드로와 요한도 마찬가지 상태였다. 가는 곳마다 앉은뱅이가 일어나고 불치병자들이 치료를 받았다. 사람들은 이 베드로를 마치 신神처럼 여기고 경배하러 몰려들었다. 그들에게 절을 하면서 능력의 종들을 높여주었다. 그런데 베드로는 이래서는 안 되는 것을 알았다. 그는 곧 자신들을 주목하지 말라고 강경하게 말한다. 그 일은 자신이 한 일이 아니라 예수님이 하신 일이며, 그분이 영광을 받으셔야 하는 것임을 강조한다.

구속사적인 설교는 근본적으로 하나님에게 초점을 맞추고 있으며, 그분의 광대한 은혜의 사건에 초점을 맞추고 있다. 베드로는 백성들이 그들을 신처럼 여기고 몰려들 때에 이렇게 설교를 한다. 그들이 참 메시아이신 예수 그리스도를 빌라도에게 넘겨주고 결국 생명의 주를 죽였지만 회개하고 돌아오면 용서를 받고 치유를 받고 구원을 얻을 수 있다고 말이다. 베드로는 이러한 기적과 치유가 어디로부터 오는지 분명히 선포하고 있다. 그가 증거하고 있는 예수 그리스도는 참 하나님의 아들이며 예수 그리스도에게 저지른 모든 범죄에도 불구하고 하나님께서 범죄를 기억하시는 것이 아니라 그들과 맺은 언약을 기억하신다는 것이다. 이러한 하나님의 사랑과 은혜가 그들에게는 복음이 되었으며 회개하고 돌아올 수 있는 길을 열어주게 된 것이다.

결과적으로 이 설교를 통해 베드로는 어떤 하나님을 증거하고 있는가? 요약을 하면 이 설교에서 그는 언약에 성실하신 하나님을 증거하고 있다. 백성들이 범죄하였을지라도 하나님은 언약을 기억하시고 백성을 구원하기를 원하신다는 것을 강조하고 있다. 베드로는 또한 놀라운 능력의 창조주 하나님을 강조한다. 백성들이 죽인 예수 그리스도를 하나님께서 살리셨음을 선포하고 있다. 하나님의 놀라우신 섭리와 주권도 선포하고 있다. 그리고 베드로는 복과 은혜 주기를 원하시는 복의 근원이 되시는 하나님을 증거하고 있다. 범죄한 행동을 보시기보다는 약속에 근거해서 복 주기를 원하시는 하나님을 증거하고 있다.

그런 하나님을 강조하고 있기에 베드로와 요한은 앉은뱅이를 고친 것은 자신의 힘으로 한 것이 아니며 자신들은 다만 그리스도의 도구에 지나지 않음을 고백하고 있다. 그러므로 예수 그리스도의 이름을 높이고 그의 주권을 높임으로 그분을 구원의 주로 고백을 하고 있는 것이다. 이렇게 그의 구속사적인 설교의 특징은 철저하게 하나님을 높이고 하나님의 이름에 영광을 돌리는 것이었다. "나를 주목하지 말아라. 우리를 주목하지 말아라. 여러분들은 오직 하나님만을 바라보아라. 우리를 구원하신 그리스도만을 주목하여라." 라고 베드로는 강조한다. 우리는 하나님의 영광을 가로채고 있지 않은지 다시 한 번 가슴에 손을 대고 생각해 보아야 할 것이다.

결박과 환난이 나를 기다리지만

"오직 성령이 각 성에서 내게 증거하여 결박과 환난이 나를 기다린다 하시나 나의 달려갈 길과 주 예수께 받은 사명 곧 하나님의 은혜의 복음 증거하는 일을 마치려 함에는 나의 생명을 조금도 귀한 것으로 여기지 아니하노라"(행 20:23,24)

이 본문은 제3차 선교여행을 마친 사도 바울이 에베소 교회의 장로들을 청하여 그들에게 행한 마지막 설교의 일부이다. 사도 바울은 바리새인 중의 바리새인으로서 그리스도인들을 핍박하는 사람들 중의 하나였다. 다메섹으로 그리스도인들을 잡으러 가던 중 그는 예수 그리스도를 만나게 되었다. 그러한 사도 바울이 이방 선교를 위한 도구로 선택을 받고 생명을 바쳐 그리스도를 섬기는 종이 된 것을 보면 감동적이 아닐 수 없다.

사도 바울은 그 동안도 많은 환난과 고난을 겪었지만 예루살렘에 올라가서 그에 못지않을 큰 고난을 당할 것을 성령님을 통해 알고 있었다. 그러나 그는 복음을 증거하는 일이라면 생명까지도 내어 놓을 수 있음을 선포했다. 그에게는 복음을 전하는 일이 생명보다도 더 중요했기 때문이다. 바울은 복음을 전하지 않으면 자신에게 화가 미칠 것이라고 생각했다. "내가 복음을 전할지라도 자랑할 것이 없음은 내가 부득불 할 일임이라 만일 복음을 전하지 아니하면 내게 화가 있을 것임이로라"고전 9:16.

사도 바울이 소아시아에 복음을 전하는 것이 더 급하다고 생각했을 때에도 성령님은 그가 유럽에서 복음을 전하도록 방향을 바꾸셨다. 그리고 그곳에서 자주장사 루디아도 만나게 하셨다. 지금 성령님은 그를 예루살렘으로 인도하셨으며 또한 로마로 호송되게 하여 로마에 복음의 씨앗을 뿌리려 계획하신다. 그러므로 모든 선교의 주인은 성령님이시며 그분의 주권적인 역사임을 알 수 있다. 사도 바울을 도구로 사용하심으로써 로마에서 하나님의 선교가 이루어지게 하신다. 이렇게 사도 바울의 생각과 성령님의 인도하심은 달랐다. 성령님은 로마라는 선교 고지를 점령하심으로 말미암아 온 세계가 복음화 되기를 원하셨다. 그 같은 놀라운 비전을 인간이 어떻게 깨달을 수 있겠는가? 하지만 사도 바울은 겸손히 순종하였고 드디어 성령님은 로마라는 세계 선교 고지를 점령하셨다.

주님은 이방선교를 위해서 사도 바울을 그의 도구로 마음껏 사용하셨다. 사도 바울은 자신의 지혜보다 하나님의 명령에 순종했으며 그것이 어떠한 길이 되든지 간에 개의치 않고 순종했다. 그는 생명을 버리더라도 복음의 씨앗을 뿌리겠다는 생각을 갖고 있었는데 죽는 것도 모두 그리스도를 위해서였기 때문이다.

사도 바울이 두려워하지 않고 예루살렘에 올라갔던 이유도 하나님이 하시는 일에 대한 순종 때문이었으며 하나님이 하나님 되심을 믿었기 때문이다. "바울이 대답하여 가로되 너희가 어찌하여 울어 내 마음을 상하게 하느냐 나는 주 예수의 이름을 위하여 결박 받을 뿐 아니라 예루살렘에서 죽을 것도 각오하였노라 하니"행 21:13 그러자 많은 사람들이 "주의 뜻대로 이루어지이다."하면서 그를 환송했다. 주님의 뜻에 맡기는 삶의 열매가 복음의 확장을 낳게 했으며, 하나님이 하나님의 일을 하시도록 순종하는 사람을 통해 복음이 전파되게 되었다. "이는 내게 사는 것이 그리스도니 죽는 것도 유익함이니라"빌 1:21. 사도 바울의 순종이 세계를 향하여 복음의 씨앗이 흩어지는 고지를 점령하게 만들었고, 그 결과 복음이 로마라는 길을 통해 세계로 급속도록 퍼져 나가게 되었다.

그리스도와 교회의 비밀

"그러므로 사람이 부모를 떠나 그의 아내와 합하여 그 둘이 한 육체가 될지니 이 비밀이 크도다 나는 그리스도와 교회에 대하여 말하노라"(엡 5:31,32)

어느 가정이든지 부부 사이는 부부만 안다. 어떤 부부가 아주 행복하게 살기에 그 비밀이 무엇인가 물어보았다. 그 남편은 의외로 간단하게 "살아보아야 안다."고 대답했다. 사실 부부 사이에는 부부만이 아는 비밀이 있다. 그 비밀이 승리하는 비밀인지, 서로 행복하게 사는 비밀인지는 몰라도 그 안에 아무리 설명해주어도 제삼자는 모를 비밀이 있다. 이와 같이 사도 바울은 그리스도와 교회의 관계에도 깊은 비밀이 있다고 선포한다. 그리고 그 비밀은 부부관계를 통하여 알게 된다고 말씀한다. 그렇다면 그리스도와 교회의 비밀은 무엇일까? 그 비밀은 그리스도와 교회가 하나 되는 비밀이다. 한 몸으로 연합하는 비밀이다.

그렇다면 그리스도가 교회와 하나 되기 위해 어떤 일을 하셨을까? 저절로 하나가 되었을까? 결코 아니다. 교회는 그리스도와 하나 되기에는 하늘과 땅이라는 엄청난 질적 차이를 가지고 있다. 하나님과 인간의 차이라는 엄청난 갭을 가지고 있다. 넘어야 할 갭이 너무 깊고 높다. 그리스도께서 교회 수준으로 낮아지지 않으시면 결코 하나가 될 수 없다. 그리스도께서 교회를 용서하시고 받아주시지 않으면 결코 하나가 될 수 없다. 즉 교회와 그리스도가 하나 되기 위해 교회의 죄악을 넘어서는 사랑이 존재했다는 것을 의미한다. 하나 되기 위해 그리스도에게는 많은 십자가의 희생과 기억하지 않는 용서가 필요하였다.

이렇게 교회의 죄악을 넘어서는 그리스도의 사랑이 가정에서 실천이 될 때, 부부가 비로소 하나가 될 수 있다. 그리스도께서 사랑하시고 포기하지 않으시고 참아주시고 용서하시고 기억하지 않으실 때 교회가 소망이 있었던 것처럼, 부부관계도 이런 사랑과 희생이 있을 때 하나로 연합할 수 있음을 시사하고 있는 말씀이다.

필자는 결혼을 통하여 남자가 남편으로 되어가고 여자가 아내로 되어간다고 믿는다. 여자의 의미는 결혼은 하였으나 아직 성경적 아내의 의미를 모르는 사람이고 남자도 역시 성경적 남편의 의미를 모르는 사람들이다. 결혼을 하였다고 하여 부부가 한 몸으로 연합하는 것은 아니다. 남자가 남편으로 거듭나고, 여자가 아내로 다시 태어날 때, 그 둘은 한 몸이 될 수가 있다.

그럼 어떤 사람을 남편이라고 부르는가? 아내를 그리스도의 사랑으로 사랑하는 자들, 그리고 자신의 한계를 깨닫고 무릎으로 승리하는 자를 남편이라고 부른다. 또한 아내는 남편을 돕는 배필에제르로서 남편을 사랑하는 자, 그리고 무릎으로 승리하는 자가 성경적인 의미의 아내이다. 그들이 말씀 학교 안에서 겸손하게 거듭날 때, 한 몸으로 연합할 수 있다.

이렇게 하나 되는 비밀은 그리스도와 교회의 관계에서 그리스도께서 교회의 죄악을 사랑으로 허물을 덮어주고, 과거를 용서하고 받아준 것과 맥을 같이한다. 남편도 아내를, 또한 아내도 남편을 용서하고 사랑하고 있는 모습 그대로 사랑할 때, 하나로 연합할 수 있다는 비밀을 깨닫는 것이다. 이렇게 하나 되기 위하여 죄악을 넘어서는 구속의 사랑이 필요하다고 느끼는 것, 이것이 그리스도와 교회의 비밀이다.

효를 배우게 하라

"만일 어떤 과부에게 자녀나 손자들이 있거든 그들로 먼저 자기 집에서 효를 행하여 부모에게 보답하기를 배우게 하라 이것이 하나님 앞에 받으실 만한 것이니라"(딤전 5:4)

우리나라에는 '효'라는 것이 참으로 중요하다. 우리나라처럼 효를 중요시하며 실천하는 나라도 드물 것이다. 이것이 과하여 조상들에게 제사를 드리며 죽은 자들에게까지도 효를 표현하고 있다. 그러나 정말 효를 하려고 한다면 산 자들에게 효를 행해야 할 것이 아닌가?

디모데에서는 과부들에게 후손들이 있다고 한다면 먼저 자기 집에서 효하는 것을 배우라고 권면한다. 이것이 경건의 기본임을 강조하고 있다. 영어로 읽어보게 되면 "부모에게 감사하는 것"을 제일 먼저 가르치라고 하는 말씀으로 나타난다. 인간이 참 인간이 되기 위하여, 신앙인이 참 신앙인이 되기 위하여 제일 먼저 배워야 할 것이 무엇일까? 디모데는 그것이 효라고 선포한다. 사실, 이 말이 효라는 말로 번역이 되어야 하는지 의심이 가지만 우리나라에서 이해시키려면 효라는 말이 가장 적당한 것이리라.

효라는 것이 구체적으로 무엇일까? 효는 부모를 바라보는 것이다. 부모의 은혜에 대하여 감사하는 것이다. 이것을 가르치면 경건의 기초를 이룬다고 하며 하나님이 기뻐하시는 일이라고 한다. 정말 효를 하면 경건의 기초가 세워지는 것일까?

참 사람이 되기 위하여 필요한 것은 위를 바라볼 수 있는 능력과 윤리이다. 짐승은 위를 바라보지 못한다. 사람만이 위를 바라볼 수 있다. 하나님께서 인간에게만 위를 바라볼 수 있도록 하나님의 형상으로 지어 주셨고, 하나님의 숨을 주셔서 하나님과 절대적인 관계를 갖게 하셨다. 우리는 위로부터 온 존재이다. 비록 흙으로 만들어졌지만 흙만 바라보는 한, 땅 아래만 바라보는 한 인간은 인간일 수가 없다. 위를 바라보아야만 인간일 수가 있다. 효는 바로 우리가 온 그곳을 바라보게 하는 것이며, 우리를 창조하신 하나님을 바라보게 하는 윤리이다. 우리가 부모에게 감사하며 위를 바라볼 때에, 그 뒤에 계신 하나님을 바라볼 수 있다.

필자의 아버님故 윤성범 박사이 마지막으로 남기신 책이 『효孝』라는 책이다. 아버님은 효에서 이현부모以現父母가 곧 효라고 말씀해주셨다. 부모님의 뜻을 드러내는 삶이 곧 효라는 말씀이었다. 이런 의미에서 성경에서 나타나는 가장 큰 효는 예수님의 효이다. 예수님이야말로 하나님의 뜻을 드러내기 위하여 이곳에 오셨기 때문이다.

이렇게 효는 성경의 중심사상이다. 아버지의 뜻이 우리를 통하여 화육하여 나타나는 것이 효이다. 디모데가 그렇게 강조한 것은 부모에게 감사를 표현하며 부모가 원하는 삶을 우리의 삶 가운데서 나타나게 하는 것이 하나님이 가장 기뻐하시고 원하시는 삶이며 경건의 생활이라는 것이다. 자녀들에게 먼저 효를 가르치자. 우리는 기능적인 인간을 만들고 성취 중심의 자녀로 양육하면서 만족하지만 가장 먼저 가르쳐야 할 것, 그것은 효이다. 효가 준비되면 그 자녀는 어디에서도 승리할 것이다. 효를 통하여 지혜도 배우고 겸손도 배우고 하늘도 배울 수 있기 때문이다. 여러분은 자녀에게 경건의 기본으로 효를 가르치고 있는가? 아니면 먼저 여러 가지 기능적인 것부터 배우기 위하여 학원을 보내어 시간과 물질을 투자하고 있는가?

아무도 너희를 가르칠 필요가 없고

"너희는 주께 받은 바 기름부음이 너희 안에 거하나니 아무도 너희를 가르칠 필요가 없고 오직 그의 기름부음이 모든 것을 너희에게 가르치며 또 참되고 거짓이 없으니 너희를 가르치신 그대로 주 안에 거하라"(요일 2:27)

잘 이해가 되지 않는 말씀 가운데 하나가 요일 2:27에서 아무도 너희를 가르칠 필요가 없다는 말씀이다. 그렇다면 교회에 가서 성경공부도 할 필요가 없고, 멘토로부터 교훈을 받을 필요도 없다는 뜻일까? 우리는 날마다 배워야 하며 그래서 조금씩 성장해야 하는 것이 아닌가? 열심히 배워도 문제가 시원치 않을 터인데, 사도 요한은 왜 아무도 우리를 가르칠 필요가 없다고 말했을까?

이 말씀의 전제는 '기름부음이 너희 안에 거할 때' 이다. 그럴 때에는 아무도 너희를 가르칠 필요가 없다는 것이다. 기름부음이 모든 것을 가르쳐 준다는 말씀이다. 이 가르침은 참되고 거짓이 없다고 하였으니 정말 기름부음이 있기만 하면 아무 것도 배울 필요가 없는 것일까? 그러면 기름부음은 과연 우리에게 무엇을 가르쳐주는 것일까?

요한일서는 특별히 마지막 때, 거짓 선지자들이 나와 미혹하던 때에 기록이 된 말씀이다. 요한일서에는 영적 전쟁에서 분별하고 승리해야 한다는 많은 말씀들이 기록되어 있다. 지금 거룩한 자에게서 기름부음을 받으면 바로 이러한 영적 분별이 생기고 어떤 것이 참이고 거짓인지 안다는 뜻이다. 이런 면에서 가르칠 필요가 없다는 뜻으로 이어지고 있다.

가끔 "성령님이 가르쳐 주셔서 모든 것을 다 알고 있어요. 저는 배울 필요가 없어요. 성령님께서 직통 계시로 다 잘 가르쳐주고 있으니까요."라고 말하는 사람들이 있다. 이런 사람들은 배우려고 하지 않고 남의 말을 들으려고 하지 않는다. 이들은 "아무도 너희를 가르칠 필요가 없다."는 말씀을 믿는 자들이다. 하지만 그런 뜻이 아니라는 것을 위에서 언급하였다. 이 말씀의 의미는 기름부음이 임하면 적그리스도에게 속한 것인지, 참 그리스도에게 속한 것인지 분별하도록 가르쳐준다는 뜻이다.

또한 기름부음만이 가르쳐주는 것이 있음을 필자는 깨달았다. 그것은 기름부음이 임하는 곳마다 세상이 가르쳐주지 못하는 숨겨진 상처를 드러내어 그 상처를 발견하게 한다는 것이다. 아무도 이것은 가르쳐주지 않는다. 그러나 기름부음이 임하는 곳에 상처가 드러난다. 언제, 어디에서 그런 상처가 생겼는지 알게 한다. 기름부음은 우리가 묶여있던 것을 풀어주고 멍에를 벗겨주기 때문이다.

이런 면에서 다른 사람들이 가르칠 필요가 없다는 뜻이다.

그러므로 성경을 이해하기 위해서는 전후 문맥을 읽어보고 그 뜻의 진위를 가려야 한다. 무조건 그 한 줄만 읽고서 아무에게서도 배울 필요가 없다는 말로 이해한다면 문제가 커진다. 실제로 우리는 이런 사람들을 너무나 많이 만난다. 대개 이런 사람들이 이단이나 적그리스도에게 이용당하는 사람들이다. 우리는 많이 배워야 하고 들어야 한다. 그래야 믿음도 자라나고 생활도 변화된다. 그리고 깊은 공동체적인 기름부음에 들어가야 한다. 그래서 적그리스도에게 속한 것이 어떤 것인지 알고 분별하여 승리하여야 한다. 승리는 우리의 것, 기름부음 받은 자의 것이다.

죽도록 충성하라

"네가 죽도록 충성하라 그리하면 내가 생명의 관을 네게 주리라"(계 2:10)

이 말씀처럼 오해가 많았던 말씀도 없는 것 같다. 죽도록 충성하라는 말씀. 이 말씀은 사탄이 똑같이 사용하면서 사람들을 현혹시킨 말씀이다. 이 말씀을 다시 풀어서 말한다면 "죽음의 순간이 오기까지 너희는 충성하라. 죽을 정도로 너는 충성하라."는 뜻이다. 영어로 읽어보자. "Be faithful, even to the point of death, and I will give you the crown of life."

너의 충성이 생명을 내어놓을 정도로, 죽음의 순간이 이르기까지 계속되도록 명령하고 있다. 그만큼 그 충성이 순수하고, 하나님을 섬기는 것이 생명을 다 내어놓아도 좋다는 정도일 때, 생명의 면류관을 주시겠다고 약속을 하신 것이다. 그런데 이 말이 다른 뜻으로 많이 사용되어버렸다. 아마 이것은 사탄의 역사일 것이다.

많이 일하는 것, 죽도록 일하는 것이 이 말씀과 대치되어 버린 것이다. 죽도록 충성하는 것과 죽도록 일하는 것과는 다른 것이다. 그런데 사탄은 이 말을 죽도록 일하는 것으로 의미를 바꾸어서 사람들을 현혹시켰다. 그래서 일을 하지 않을 때 하나님께 대하여 죄책감을 가지도록 만들어 버린 것이다. 너무나 많은 분들이 죽도록 일하다가 순교한다. 기도도 죽도록 하고, 일도 죽도록 하고, 봉사도 죽도록 하고, 심방도 죽도록 한다.

필자가 알고 있는 한 목사님은 한국의 어느 목사님이 하루 7시간을 죽도록 기도하며, 그것도 철야를 하면서 그렇게 한다고 강조하는 세미나에 다녀왔다가 그것을 교회에서 시도하게 되었다. 매일 밤 교회에서 기도하면서 철야하기 시작한 것이다. 밤을 새워 기도하던 이 목사는 생활의 리듬도 깨지고 운전하다가 조는 것이 일상이 되어 버렸다. 게다가 졸음운전으로 교통사고를 내면서 아내를 잃어버렸다. 기도를 죽도록 하다가 아내를 먼저 하늘나라로 보내버린 것이다. 이런 예들은 얼마든지 있다. 열심히 일하는 것이 삯군 목자로부터 벗어나는 것이라고 믿는다. 종의 영성으로 살아가는 목회자와 성도들이 얼마나 많은지 모른다.

그러나 주님은 그것을 원하시는 것이 아니다. 주님은 주님의 뜻에 충성하는 것을 원하신다. 주님을 떠나지 않고 신실하게 주님이 원하시는 것을 해 드리며 죽음의 순간까지 충성하는 것을 원하신다. 주님은 오히려 우리들이 죽도록 일을 하는 것이 아니라, 그의 품에 들어와서 쉬는 것을 원하신다. 우리는 쉬려고 하면 죄책감 때문에 잘 쉬지 못한다. 잘 쉬지 못하는 것도 하나님이 원하시는 것이 아니다. 하나님이 마지막에 우리에게 주시기를 원하시는 것은 안식이다. 성경에서 안식이라는 개념이 구원의 개념으로 사용되기도 하였다.

은혜를 받았기 때문에 죽도록 일을 하면서 그 은혜를 갚으려고 한다면 그것도 잘못이다. 은혜는 선물이므로 갚는 것이 아니다. 만일 갚아야 하는 것이라면 그것은 이미 선물이 아니다. 우리는 하나님의 자녀로 불리움을 받았음에도, 죽도록 일을 하다가 종의 영성으로 살아가고 있다. 하나님은 그러한 종의 영성에서 우리를 풀어놓아 다니기를 원하신다. 죽도록 충성하라는 말이 죽도록 일하라는 말과 어떻게 다른지 깨닫는 순간부터 우리는 목회도, 가정도, 내 자신도 풀어놓아 다니게 된다.

제2부

잠언을 여는 이용택 칼럼

이용택 목사는,

감리교신학대학교(B. Th.-1973년)를 졸업하고
풀러(Fuller)신학대학원(M. Div.-1986년)에서
목회학 석사를 받은 후
미연합감리교회에서 목사로 안수받고(1984년)
미국 밸리연합감리교회(1980-1987)
미국 웨스트코비나연합감리교회(1987-1991)
미국 아름답고영화로운교회(1992-2011)를 거쳐
현재 한국 메누하영화로운교회
공동담임목사를 맡고 있으며
미연합감리교회 정회원 목사이기도 한 분입니다.

들어가면서

저는 솔로몬 스승님이 이전에도, 지금도, 앞으로도 이런 제자는 없을 것이라고 극찬했던 걸어다니는 잠언입니다. 저는 솔로몬 지혜대학을 나와서 제가 배웠던 잠언을 사랑하며 지금까지 애송하며 삶에 적용하며 살아왔습니다. 정말 제가 솔로몬 지혜대학을 나왔냐고요? 정말 솔로몬 지혜대학이 있었냐고요?

저의 스승인 솔로몬 교수님앞으로는 솔 교수님도 오래전에 하나님 나라에 가시고 솔 교수님이 가르치던 학교도 너무 오래되어 없어졌다는 소식이 있네요. 졸업생은 단 한 명이었고 논문 제목은 '무제' 이기에 학위 조회는 안 하는 것이 지혜로울 것 같습니다. 그러나 실제로 저는 솔 교수님에게 가르침을 받고 학위논문도 통과되었습니다.

그분은 정말 풍성하게 잠언을 가르쳐주셨습니다. 저는 그분에게서 잠언을 배우면서 언제나 감격하였습니다. 그러나 우리 스승님의 약점은 불륜의 관계로 태어났고 또 본인 역시 너무나 많은 여자를 거느렸다는 데 있습니다. 아마 그렇게 여자들을 많이 거느려야 지혜가 나오는가 보지요? 그렇다고 여러분이 솔 교수님의 삶의 방식을 닮아서는 안 됩니다.

논문 제목은 차마 밝힐 수 없는 사연이 있어서 무제라고 했는데 꼭 밝혀야 된다면 '솔로몬스승님과 여인들과의 관계' 였음을 밝힙니다. 그 논문을 보시면 어느 주간지보다도 흥미진진할 것입니다. 그런데 그 논문이 스승에 의하여 금서로 지정되었습니다. 논문 제출 후 저도 그것을 보지 못하였습니다. 논문 제출은 확실하여 졸업은 할 수가 있었지요. 솔로몬 교수님의 제자이지만 한편으로는 스승님이 부럽기도 합니다. 너무 솔직해서 문제인가요?

그리고 제가 졸업할 때 일등했는데 졸업생은 한 명 뿐이었습니다. 그런 훌륭한 잠언이 가끔 '주예수영성마을 카페' 에 글을 올렸습니다. 여러분들은 재미있어서 웃고, 비웃기 때문에 웃고, 사태를 찔러 주었기 때문에 웃고, 위트가 있어서 웃을 것입니다. 웃음은 좋은 것이지요. 웃는 자들은 오래 삽니다. 어느 은퇴목사님이 말씀하시기를 "저 할머니는 오래 살 것이다."라고 하시길래 어떻게 아시느냐고 물었더니 "얼굴이 웃는 상이다."라고 말씀하시더군요. 어때요? 여러분의 얼굴은 웃는 얼굴인가요? 아니면 울상인가요?

이 글들은 주예수영성마을 카페 게시판에 올려졌던 짧은 글들입니다. 그래서 어떤 때에는 칼럼의 느낌을 갖지 못할 때도 있을 것입니다. 이해해 주시고요. 이제 여러분의 얼굴을 웃는 얼굴로 만드는 데 일조할 잠언이 칼럼의 강으로 풍덩 들어갑니다. 기대하세요.

2011년 7월 여름에

이용택 목사

지혜학교에서 낙제한 사람들

저는 걸어다니는 잠언의 아내입니다. 평생을 살면서 남편의 잠언에 놀라고 놀랐던 사람입니다. 목회 40년을 하고 인생 4막에 들어간 저는 남편의 목회와 인생이 얼마나 지혜로웠는지 새삼 깨닫게 됩니다. 그래서 잠언의 인생을 살아온 남편을 위하여 이 칼럼집을 함께 출판하게 되었습니다. 그분의 해학이 그대로 땅에 묻혀서는 안 되겠다고 생각하고 있었기 때문입니다.

남편 말씀이, 솔로몬 지혜대학에는 많은 분들이 함께 다녔는데 졸업할 때에는 자신만 졸업을 했다고 합니다. 이 메누하에서 수고하시는 분들도 함께 입학했는데 모두 첫 학기에 낙제를 하셨다는군요. 그래서 왜 그렇게 낙제를 하였느냐고 하였더니, 솔로몬 학교는 지혜를 보고 성적을 주는데, 모두 똑똑하기는 하였지만 지혜가 없어서 낙제를 하였다고 하네요. 그래서 졸업생이 한 명이었고 일등으로 졸업하게 되었고 수제자가 되었다는 이야기입니다.

낙제한 분들은 다 어디 있는지, 어디서 무엇을 하는지 궁금하던 중, 남편 목사님이 메누하에 와 보니 그 똑똑해서 낙제한 분들이 다 메누하 학교를 다니고 있어서 놀랐다고 하는군요. 똑똑하다고 다 목회에 성공하는 것도 아니고요. 인간관계에서도 승리하는 것이 아니지요. 우리 메누하 학교에 다니시는 분들에게도 이러한 지혜가 풍성하게 내렸으면 합니다.

똑똑한 아내를 얻는 지혜

친구들이 저의 결혼식에 와서 너무 큰 충격을 받아서 30여 년이 지난 지금에도 뒤통수가 얼얼하다고 합니다. 제가 윤 박사님의 딸과 결혼하게 되어서요. "너 무슨 비결로 미스 윤의 마음을 사로잡은 거야?"라고 물어보았습니다. 그것은 바로 지혜입니다.

특공대특별히 공부 잘하는 대가리였던 아내를 이길 남자들은 거의 없었습니다. 대학원까지 6년 동안 전교 일등을 놓친 적이 없었기 때문입니다. 이 특공대를 이기는 방법은 머리가 아니라 지혜였습니다. 재학 당시, 친구들이 이렇게 말했습니다. "미스 윤과 연애하려면 철학책은 3권쯤은 읽고 나가야 해. 그래야만 대화가 돼." 저는 그 말이 잘못된 말인 것을 벌써 알았습니다. 머리로 대화하려면 안 됩니다. 마음과 몸으로 대화해야 합니다. 그래서 저는 아예 머리로 대화하는 것을 포기하였습니다. 그것이 지혜입니다.

책상벌레가 못하는 것에 관심을 가졌습니다. 공부만 하느라고 놀러 다닌 적이 없다는 것에 착안을 하였습니다. 저는 다방에 앉아서 커피를 마시면서 대화하자는 것을 거절했습니다. 그리고 산과 들로, 강으로, 극장으로 다녔습니다. 공부만 하는 사람들은 의외로 순진하지요. 야외로 다니기 시작하니까 머리로 대화가 필요없더군요. 그래서 저는 특공대를 저의 아내로 만들었습니다.

얍체 신앙인이 되어서야 되겠는가?

"거만한 사람은 자기를 책망하는 사람을 좋아하지 않으며 지혜 있는 사람도 찾아가지도 않는다. 훈계를 싫어하는 사람은 자기 생명을 가볍게 여기는 사람이지만, 책망을 잘 듣는 사람은 지식을 얻는 사람이다"(잠 15:12,32)

거만한 사람은 자기를 책망하는 사람을 좋아하지 않습니다. 목사가 교우관계 속에서 받는 유혹 중에 하나는 교우가 꼭 들어야만 하는 말과 듣고 싶어 하는 말이 있는데 대개 후자를 말하는 것을 선택하게 된다는 것입니다. 성도들이 바른말을 듣기 좋아하지 않을 뿐 아니라 그렇게 말했다가는 인기관리, 교인관리에도 손해가 나기 때문이지요.

또한 성도들은 바른 말을 하는 지혜자를 찾아가지도 않습니다. 주님에게 기도할 때에도 자신이 서론부터 결론까지 다 써놓고서 주님이 고무도장 역할만, 즉 사인만 해주길 바라는 기도를 하지요. 세상 말로 얍체 신앙인이지요. 그 얍체 신앙이 우리 교회를 꽉 채우고 있습니다. 목회자도 이런 얍체들을 알고 있으면서도 여전히 바른 말을 하지 않아요. 그 목회자도 바로 얍체 목사이지요. 성도들이 자기에게 속한 자들이 아니라 하나님이 맡겨 주신 양이라는 것을 안다면 그렇게 하지 않을 텐데요. 바른 말을 분별하는 분별력, 그것이 곧 지혜입니다. 얍체들에게는 이런 지혜가 없고 그 지혜가 없으므로 인생에 실패합니다.

-오늘은 무명씨 씀.

뼈를 깎는 부드러운 혀

"분노를 오래 참으면 지배자도 설득되고 부드러운 혀는 뼈도 녹일 수 있다"(잠 25:15)

끈기 있게 설득하면 통치자의 마음도 움직이고, 부드러운 혀는 뼈도 녹입니다. 어떤 은퇴 목사님이 목회하면서 참는 것을 언급하시면서, 하지만 뼈도 입안에 넣고 오랫동안 혀로 돌리고 있으면 그 단단한 것이 녹는다는 말씀을 한 적이 있습니다. 그분은 고목나무 곁을 지나가면서 "너도 내 속처럼 텅 비었구나."라고 말을 하셨다고 합니다.

그런데 이 말을 솔 교수님이 그 옛날에 이미 했군요. 하지만 현실적으로 뼈를 입안에 넣고 혀를 돌리기가 쉽지 않습니다. 아마 몇 년 입에 넣고 있으면 녹아버리겠지요. 하지만 그 때까지 어떻게 뼈를 입에 넣고 있습니까? 참는다는 것이 풍선에 공기를 계속 넣는 경우와 같은데 언젠가는 터져 버리고 혈압이 오릅니다. 참을 수 없이 더울 때는 삼계탕 먹으면서 한번 닭뼈를 입안에서 녹을 때까지 돌려봅시다. 잠언 25:15에 부드러운 혀는 뼈도 녹인다는 말씀이 있으니까요. 더위에 건강하세요. 동시에 뼈도 녹이시고요.

–말은 하면서 실천은 못하는 잠언 씀.
(하하! 솔 교수님도 사실 실천은 못하였습니다.)

계획에 실패한 사람은 실패를 계획한 사람이다

"계획은 사람이 세우지만 결정은 주님께서 하신다"(잠 16:1)

"계획에 실패한 사람은 실패를 계획한 것입니다."

* 로버트 하버샴Robert Habersham 목사님이 하신 말씀.
제가 존경하는 미국 UMC 은퇴목사님

신앙생활은 주먹구구식으로 하는 것이 아닙니다. 예수님도 행정적이고 계획적이셨습니다. 예수님이 5,000명 허기진 사람들을 먹이실 때에 잔디밭에 사람들을 50명씩 앉히신 것을 보게 되어도 그분이 매우 조직적이며 행정적인 분이라는 것을 알게 됩니다. 또한 물을 포도주로 만드시기 전에 항아리에 물을 채우라고 하는 것도 계획적이고 행정적인 태도였습니다.

신앙생활은 공중의 안개를 잡는 것 같은 것이 아닙니다. 계획하고 준비하고 나아가는 것이 신앙적인 것입니다. 계시를 받고 즉시 일에 착수하는 사람들이 많이 있지만 하나님은 사람을 선택할 때에도 광야학교, 고난의 학교에서 맹훈련을 시키시고 선택하셨습니다.

계획과 준비가 이렇게 중요합니다. 그래서 계획에 실패한 사람은 실패를 계획한 것입니다. 기도하면서 미래를 계획하십시오. 그러면 성공을 계획한 것입니다.

-솔로몬에게 직접 사사 받은 지혜의 잠언 씀.

자기 소욕을 따르는 자

"다른 사람과 어울리지 못하는 사람은 자기 욕심만 채우려 하고 건전한 판단력을 가진 사람을 적대시한다"(잠 18:1)

인간의 본능 중에 하나가 정치적 본능인데 이는 항상 자기 혼자서 주도권을 잡으려는 욕심입니다. 사람이 모인 곳은 어디든지 이 인간의 본능이 나타납니다. 교회 안에도, 예수님의 12명 제자들 사이에도 있었습니다. 제자들도 예수님이 십자가를 지러 가는 길에서도 "누가 더 크냐?"라는 주제를 가지고 논쟁을 하였습니다. 그런 모습을 보고 예수님의 마음이 얼마나 아팠겠습니까?

자기 욕심만 채우려는 것 때문에 건전한 판단력도 없어지고 세상 보통 상식 수준에도 미달이 되어서 생활 저능아 역할을 하게 됩니다. 자기 소욕은 사람을 추하게 만들며 추태를 부리게 만듭니다. 자기 욕심만 채우려는 욕심이 옆 사람도 보이지 않는 생활 불구자로 만듭니다. 이런 욕심이 참 지혜를 배척하므로 인생에 실패하게 되는 것입니다. 지혜는 집을 세워줍니다[잠 9:1]. 생활을 세워줍니다. 그리고 연합하게 합니다. 욕심도 적당히, 눈치 있게 고상하게 부립시다.

-지나친 욕심에서 출애굽하기를 원하며 잠언 씀.

심방이 아니라 훼방이다

"험담하며 돌아다니는 사람은 남의 비밀을 새게 하는 사람이니 입을 벌리고 다니는 사람과는 어울리지 말라"(잠 20:19)

BMW독일제 차 이름 같지만는 'Big Mouth Women'의 약자입니다. 즉 입이 큰 여자라는 뜻이며, 벌구입이 벌어진 사람라는 뜻입니다. 고상하지 못한 말이지만 험담하며 돌아다니는 사람을 지칭하는 말이지요. 입으로 복을 털어 버리고 다니는 사람이 곧 험담하고 다니는 사람이지요. 이런 사람이 심방을 가면 그것은 심방이 아니고 훼방입니다. 이런 분들은 "기도하시는 분이니까 이 비밀을 알려줄 테니 본인만 알고 계시고 기도해주세요."라고 그럴듯하게 이유를 대면서 이웃의 비밀을 누설하는 사람입니다. 입이 간지러워서 그 비밀을 입에 못 담아두는 사람들이지요.

이것은 잠언 20조 19항에 걸리는 훼방죄이며, 동시에 비밀 누설죄에 해당됩니다.

"입을 지키는 자는 자기의 생명을 보전하나 입술을 크게 벌리는 자에게는 멸망이 오느니라"잠 13:3.

입에 기름부음이 있길 바라면서 겨울에 불조심, 여름에 물조심, 외출할 때 가스조심, 평생 입조심!

-조심조심을 당부하면서 잠언 씀.

제발 친구 잘 사귀어요!

"지혜로운 사람과 함께 다니면 지혜를 얻지만 미련한 사람과 사귀면 해를 입는다"(잠 13:20)

주님의 축복이 오는 통로는 사람입니다. 복은 사람을 통하여 내게로 오기에 주위의 친구나 사람들이 어떤 사람인지 분별해야 합니다. 내 주위에 있는 사람들에 따라서 복이 오는 통로가 활짝 열리기도 하고 꽉 막히기도 합니다. 이런 말이 있습니다. 교회에 새 신자가 왔을 때, 가장 처음 누구 곁에 앉는가에 따라서 그분이 교회에 정착할 수도 있고, 없을 수도 있다는 말입니다. 처음 만난 그 사람이 어떤 신앙생활을 하느냐에 따라서 새신자의 교회 생활도 결정되기 때문입니다. 복된 분 옆에 앉게 되는 것도 복입니다.

친구는 청소년들에게만 중요한 문제만 아니라 일평생의 문제입니다. 사람이 곧 복의 통로이기 때문입니다. 복된 사람을 사귀고 만나면 복이 내게로 오고 미련한 사람악인, 사악한 사람을 만나면 저주가 내게로 옵니다. 현재 내 주위에 있는 사람들을 점검해 봅시다.

"진실로 네게 이르노니 친구, 사람 잘 사귀어요. 제발!"

–솔 교수 제자 씀.

나쁜 것도 전이된다

"아이들아 악인들이 너를 꾀더라도 따라가지 말아라"(잠 1:10)

좋은 것도 전이임파테이션가 되지만 나쁜 것도 전이가 됩니다. 예수님께서 바리새인의 누룩을 삼가라고 말씀하시면서 누룩을 부정적 의미로 사용하셨습니다. 이것은 바리새인, 사두개인, 율법주의자들의 교훈, 가르침을 누룩으로 표현한 것입니다. 그 가르침이 나쁜 것이므로 임파테이션이 되는 것을 경계하라고 말씀하신 것입니다.

좋은 친구는 좋은 것이 임파테이션 되지만 나쁜 친구와 함께 어울리면 나쁜 것이 임파테이션 되지요. 복된 친구를 통해서는 복이 오고요. 즐거운 친구를 통해서는 즐거움이 임파테이션 됩니다. 잘 웃는 친구를 통해서는 웃음이 전이되고요. 항상 욕을 하는 친구들을 통해서는 욕이 전이되고요. 또한 부정적인 시각, 허무한 시각을 가진 사람들을 통해서는 허무함이 전이됩니다. 나쁜 것, 나쁜 누룩이 더 빨리, 강하게 퍼집니다. 신종 변이된 독감이 전 세계를 무섭게 전염시키는 것처럼 말예요.

현재 나와 차 한 잔 하는 사람으로부터도 내가 영향을 받고 있다는 것을 알아야 합니다. 복이 오는 통로는 사람입니다. 그래서 솔 교수님이 다시 한 번 더 친구들을 잘 사귀라고 강추하십니다. 들을 귀 있는 자는 들으십시오.

–솔 교수 제자 씀.

악인과의 동업을 끊어라

"의인의 머리에는 복이 이고 있으나 악인은 입에 독을 머금고 있다"(잠 10:6)
"의인의 수고는 생명에 이르고 악인의 소득은 죄에 이른다"(잠 10:16)

잠언은 온통 의인과 악인이 어떻게 하나님에게 다루심을 받는가로 가득 차 있습니다. 의인은 상을 받고 하나님이 손을 들어주십니다. 악인은 벌을 받고 패망하게 됩니다.

그런데 만일 이러한 악인과 의인이 함께 동업을 하면 하나님은 어떻게 하실까요? 물론 주님은 둘 다 축복을 주실 수가 없습니다. 그러므로 동업을 끊어야 합니다.

악인은 의인이 받을 축복까지도 막아버리는 병마개 역할을 합니다. 악인으로 인하여 의인까지도 엉겅퀴가 있는 길을 걷게 됩니다. 만일 계속 의인과 악인이 동업을 하게 되면 하나님은 정말 갈등을 느끼실 것입니다. 축복을 줄 수도 없고, 안 줄 수도 없고요. 그러므로 속히 하나님이 갈등을 끝내시도록 악인과의 동업을 끊으세요.

–의인을 걱정하는 솔 선생 제자 씀.

주님은 동기를 보신다

"너는 그의 준수한 겉모습과 큰 키만을 보아서는 안 된다 그는 내가 세운 사람이 아니다 나는 사람이 판단하는 것처럼 그렇게 판단하지 않는다 사람은 겉모습만을 따라 판단하지만 나 주는 중심을 본다"(삼상 16:7)

하나님은 외모를 보시지 않고 중심을 보신다고 말씀하십니다. 그 말씀의 본래 뜻은 무엇일까요? 그것은 세상은 결과가 중요하지만 주님은 동기를 더 중요하게 여긴다는 말씀입니다. 왜냐하면 중심은 곧 동기를 의미하기 때문입니다.

선물과 뇌물의 차이는 무엇일까요? 그 동기로 알 수가 있습니다. 사랑의 동기로 했다면 선물이구요. 욕심의 동기로 했다면 뇌물이 됩니다. 예배, 봉사, 선교, 자선, 구제, 사랑, 친절, 봉사, 기도, 교회 성장까지도 동기가 어디에 있는지 잘 분별해야 합니다.

비전VISION과 욕망은 비슷하게 포장되어 우리를 혼돈하게 만듭니다. 분명히 자기 욕심인데도 불구하고 주님이 주신 비전이라고 아름답게 포장하여 우기는 분들이 많습니다. 동기가 곧 중심이기에 확실해야 합니다. 주님은 속지 않으십니다. 만약 주님이 주신 것이 아니면 주님이 참으로 황당해하실 거예요.

–솔 교수 제자 씀.

사악한 말이 더 솔깃하다?

"악을 행하는 사람은 사악한 말에 솔깃하고 거짓말을 하는 사람은 중상하는 말에 귀를 기울인다"(잠 17:4)

복은 귀에서부터 시작됩니다. 복된 귀! 그래서 주님은 들을 귀 있는 자는 들으라고 말씀하셨습니다. 복된 자는 복된 말을 들을 수 있는 귀를 가진 자이며. 복 받지 못할 자는 악한 말을 듣는 귀를 가진 자입니다. 복 받지 못할 자는 복된 말에는 귀가 열리지 않고 막혀 있는 사람입니다. 우리는 귀가 어떠하냐에 따라서 이미 복을 받은 사람이며, 아니면 복을 털어버린 사람이기도 합니다.

건강한 자는 건강한 음식을 좋아하고 병든 자는 건강치 못한 음식을 좋아합니다. 그래서 건강은 습관이 좌우한다고 합니다. 같은 말인데도 사악한 말, 사람을 중상하는 말, 부정적인 말, 파괴적인 말, 남이 안 되었다는 말, 어느 교회가 문제가 생겼다는 말, 어느 목사에게 스캔들이 생겼다는 말, 누가 이혼했다는 말 등에 더 흥미가 있고 솔깃하여 귀를 기울이면 병든 영혼입니다.

그런데 저도 가끔은 약간 삐딱한 말이 좋더군요. 이 일을 어떻게 하죠?

-회개하는 마음으로 돌탕돌아온 탕자 씀 .

좁은 문이란?

"좁은 문으로 들어가거라 멸망으로 이끄는 문은 넓고 그 길이 널찍하여서 그리로 들어가는 자가 많다"(마 7:13)

"좁은 문으로 들어가라." 예수님이 산상 설교 중에 하신 말씀입니다. 도대체 좁은 문이란 구체적으로 어떤 것을 의미할까요? 그것은 말씀대로 사는 것을 의미합니다. 말씀대로 사는 것 자체가 좁은 문입니다. 대부분 사람은 반칙하며 사는데 나만은 규칙을 지키며 산다는 그 자체가 좁은 문이지요.

옛날 가요에 "다 그런 거지 뭐."라는 가사가 있는데 세상 사람의 대부분은 다 그렇게 삽니다. 그런데 나만 말씀에 순종하며 산다면 정신병자, 혹은 약간 모자라는 사람, 바보 취급을 받습니다. 영적불감증 때문에 반칙하는 것이 문화가 되어서 반칙하지 않는 것은 비정상이 되었습니다. 또 그렇게 살면 살아남지도 못합니다.

이것이 교회 안에도 들어와 있습니다. 죄가 문화가 된 상태가 곧 타락입니다. 주님 말씀에 순종하는 것 바로 그것이 좁은 문입니다, 살기 참 힘드네요? 안 그래요?

–솔 제자 씀 .

남의 싸움에 끼어들지 말아요

"자기와 관계없는 싸움에 끼어드는 것은 사람이 개의 귀를 붙잡는 것과 같다"(잠 26:17)

사람이 즐기는 구경 가운데 두 가지가 있는데 하나는 불구경, 또 하나는 싸움 구경입니다. 참 묘한 심리입니다. 당사자는 안타까워 하는데 불구경, 싸움구경 하면서 속으로는 즐기면서enjoy 보고 있어요. 사람들은 심리적으로 싸우고 싶은가 봐요. 그렇지 않으면 지루하기 때문인가 봐요.

교회서도 싸움이 나면 출석률이 증가하고요. 일 년에 한번 나오는 교인도 그 때는 가게 문 닫고 교회 나온다고 해요. 싸움 구경이 참 재미가 있거든요. 정치적으로도 전당대회에서 싸움을 붙이면 시청률이 올라가고 참여율이 올라간다고 해요. "왜 저렇게 싸움만 하는 거야."라고 안타까워하는 것 같으면서도 싸움 구경을 하며 사실은 즐거워하거든요.

자신과 관계없는 싸움에 끼어들지 맙시다. 저도 싸움하는데 지나가기만 했는데 머리에 큰 돌을 맞은 적이 있어요. 특히 남의 부부싸움에 끼어들지 마세요. 구경만 하세요. 그러지 않으면 진짜 개에게 물려요. 이건 사실이라니까요! 정말이에요!

–진심으로 솔 제자 씀.

자신이 잘못하고 하나님을 원망한다?

"사람이 미련해서 스스로 길을 잘못 들고도 마음속으로 주님을 원망한다"(잠 19:3)

이 경우 주님의 입장이 참으로 곤란하고 황당하겠어요. 안 그래요? 그런데 자기가 미련하고 잘못해서 실패하고서는 그 실패가 주님 때문이라고 원망한다면 주님은 어이가 없을 거예요. 원인은 자기로부터 생긴 것인데 말예요. 은근히 하나님께로 책임을 전가하는 것이지요.

돌탕돌아온 탕자이 아버지께 불순종하여 실패한 것을 주님의 섭리라고 말하였다면, 아마 하나님도, 아버지도 어이가 없었을 거예요. 솔직히 말하면 돌탕이 집 나갈 때부터 이미 실패는 시작된 것이지요. 아니 실패를 계획한 것이지요. 아버지도 이미 그 실패를 알고 있었어요. 그럼에도 아들에게 진정으로 구원이 임하도록 하기 위해 아들을 내보내 준 거예요.

그러므로 미련하여 실패하지 말고 하나님 말씀에 순종하세요. 하나님이 주신 지혜로 승리하세요. 그리고 주님께 원망하지 말고 감사하세요. 제가 좋아하는 성경은 신명기 28장이지요. 순종한 자의 자녀들이 받는 축복이 있는 신명기 28장이 저는 정말 좋아요.

–솔 제자도 잠이 와서 오늘은 여기까지만.

사람들은 참으로 멍청하다

"정직한 사람은 성실하게 살아 바른 길로 가지만 사기꾼은 속임수를 쓰다가 제 꾀에 빠져 멸망한다"(잠 11:3)

사람처럼 멍청한 자들은 없습니다. 바른 길로 가는 사람들을 따라가려고 하지 않고 실패한 사람들을 따라갑니다. 바로 옆 사람이 그것 때문에 온 가정이 망했는데 그것을 보고도 바로 그 옆 사람이 망한 그 길을 그대로 가는 것입니다. 속임수 쓰다가, 잔꾀 부리다가 망한 것을 보고서도 자기도 속임수를 쓰고 잔꾀를 부리고 망할 길로 버젓이 걸어 들어갑니다.

한국도 가끔 멍청해 보입니다. 모든 면에서 미국을 따라가고 있습니다. 미국이 그런 길을 걸어가서 지금 무너지고 있는데 똑같은 길을 아무 생각 없이 따라가고 있어요. 역사관이 필요합니다. 앞서서 잘못된 길을 걸어간 나라의 패망을 우리가 본받아서는 안 되겠지요. 안 그래요?

성경은 보지 않고 믿는 자는 복되다고 하였는데 이제는 보고도 믿는 자는 복됩니다. 옆 사람이 성실하게, 정직하게 살다가 복 받는 것을 보면 그것을 보고 우리도 그 길에 합류합시다. 세상 말로 우직하게 살아서 지혜로운 자가 됩시다.

–잠시 돌싱돌아온 싱글으로 돌아온 잠언 씀.

재앙을 받기 위해 태어난 사람

"마음이 비뚤어진 사람은 복을 얻지 못하고 거짓말만 하는 혀를 가진 사람은 재앙에 빠진다"(잠 17:20)

복을 원하기 전에 복된 존재가 되는 것이 더 중요합니다. 마음은 비뚤어졌고, 입은 거짓말만 하고, 인간관계는 이간질하고, 머리는 잔꾀잔머리만 쓰고, 남에게 인색하고 가난한 이들을 무시하는데 복이 어떻게 찾아올 수가 있겠어요? 복을 받을 그릇이 없는데 어떻게 하나님이 복을 주시겠어요?

바로 이런 사람은 '당신은 재앙심판받기 위해 태어난 사람'이 아니겠어요? 죄송해요. 제가 한 말이 아니라 제가 존경하는 솔 교수님이 하신 말씀이에요.

이런 사람은 복을 주어도 복 관리가 안 돼요. 만일 이런 사람들에게 물질의 복을 준다면 그 물질을 가지고 무엇을 하겠어요? 재앙에 빠질 일들만 골라서 할 것입니다. 복된 사람은 사람 눈에도 보이는데 하물며 주님이 못 보시겠어요? 복을 담을 수 있는 그릇, 복 받고 청지기로서 복을 잘 지킬 수 있는 존재로 먼저 준비합시다. 안 그래요?

–복의 그릇을 준비하는 잠언 씀 .

입술 관리는 복 관리이다

"어리석은 사람도 조용하면 지혜로워 보이고 입술을 다물고 있으면 슬기로워 보인다"(잠 17:28)

어떤 분이 아무개 사모님을 존경하고 좋아한다고 하기에 그 이유가 무엇인지 물어보았습니다. 그랬더니 단 한 가지 그분이 말이 없고 조용하기 때문이라는 거예요. 말이 없고 조용하면 어디에서나 일단은 좋다는 평가를 받더군요. 조용하면 최소한 B학점은 받는데 입을 잘못 열면 F학점, 낙제점수를 받아요.

솔 교수님과 과외 수업 할 때 "미련한 사람의 입은 자기를 망하게 만들고 그 입술은 올무가 되어 자신을 옭아맨다."잠 18:7고 말씀하셨어요. 솔 교수님은 말에 대하여 많은 교훈을 주셨고요, 말의 중요성 설명을 매 강의마다 빼신 적이 없었어요. 아마 솔 교수님도 말을 제어하기가 어려웠던 것 같아요.

그러나 너무 말이 없으면 공기가 압축이 되어서 언젠가는 터지니까요. 자주 공기를 빼는 방법은 가져야지요. 곧 우리들은 인간이기에 스트레스 관리를 해야 합니다. 입 관리를 잘 하세요. 입 관리는 전적으로 복 관리이며, 인간관계 관리입니다.

–오늘은 이 정도에서 끝.

2%보다 더 모자라는 자

"교만하고 건방진 사람을 오만한 자라고 하는데 그런 사람은 우쭐대며 무례하게 행동한다"(잠 21:24)

세상말로 2% 모자라는 사람이 있다는데 오만한 자는 사실 많이 모자라는 사람이지요. 조금 생각이 있는 사람이면 오만할 필요가 없다는 것을 다 알 텐데 말예요. 우쭐댈 것도 없어요. 모두가 도토리 키 재기입니다. 모두가 고만고만합니다.

무례한 것은 자기 스스로 '나는 많이 모자라는 사람입니다' 라는 것을 세상에 공개하는 것과 같습니다. 결국 자신에게 큰 손해이지요. 예의는 상대방을 위하여 지키는 것이 아니라 결국 자신의 유익을 위하여 지키는 것입니다. 남에게 무례하게 되면 다른 이들도 자신에게 무례하게 대하고, 결국은 사랑을 잃게 됩니다.

무례한 자의 주위에는 어떤 사람도 남아 있지 않습니다. 무례한 자들 주위에는 좋은 사람들은 다 떠나버리고 없습니다. 복의 통로들이 떠나버려서 더 이상 복이 올 수가 없습니다. 누누이 말씀 드리지만 복은 사람을 통하여 오기 때문입니다.

–솔 교수님이 극찬한 제자 잠언 씀.

드리는 재물이 악한 의도에 오염되지 않았는가?

"악인의 재물이 역겨운 것이라면 악한 의도로 바치는 것이야 더욱 그렇지 않겠는가?"(잠 21:27)

악인이 재물을 바친다 해도 주님께서 싫어하시는데 하물며 악한 의도를 가지고 재물을 바치면 주님께서는 더욱 미워하신다는 뜻입니다. 하나님은 악인의 재물 자체를 역겨운 것이라고 여기십니다. 당근이지요.

이 잠언에서 강조하고 있는 것은 악한 의도evil motives입니다. 선한 말 속에도 악한 의도가 있으며, 자선, 봉사, 친절 속에도 악한 의도가 있는데 솔 교수님은 하물며 재물, 헌물까지도 악한 의도에 오염될 수 있다는 것입니다.

만에 하나 드리는 재물이 장사꾼들처럼 주님과 거래하는 비즈니스 생각으로 전락하지는 않았는지요? 하나님과 거래하여 축복도 받고, 비즈니스가 잘 되기를 바라는 동기를 가지지는 않았는지요? 주님은 이렇게 불순한 의도에 오염되지 않고 의인의 생을 살려고 노력하는 그 영혼을 사랑하고 함께 하십니다.

–재물을 선하게 드리려 노력하는 솔 선생님 제자 씀.

먼저 주님을 사랑하라

"나를 사랑하는 사람에게는 내가 재물을 주어서 그의 금고가 가득 차게 하여 줄 것이다."(잠 8:21)

듣던 중 참 기쁜 소식입니다. 요즘은 뭐니 뭐니 해도 머니Money거든요. 주기도문에 오늘의 일용할 양식을 달라고 하는 기도는 구체적으로는 매일 돈 달라는 기도지요. 안 그래요? 사실 삭개오만 돈을 좋아하는 것이 아니라. 우리 모두 돈 좋아하지요. 저와 솔 교수님까지 포함해서. 사람은 복 하면 재물 복을 먼저 생각해요.

오늘 잠언 말씀에서는 어떤 이들에게 이런 복을 주시는지 명시되어 있어요. 하나님을 사랑하는 자에게 그의 금고를 가득 채워주신다는 거예요. 구체적으로 사랑한다는 것은 무엇을 의미할까요? 하나님의 말씀을 듣고 순종하는 거예요. 사랑하면 순종하게 돼요. 하지만 순종은 못하면서 재물의 복은 간절히 원해요. 이것이 바로 삭개오의 고민이었고 우리들의 고민이지요. 먼저 주님을 사랑하고 순종하면 금고가 가득 차게 주신대요.

그러나 여름에는 물 조심, 겨울에는 불조심, 그러나 평생 돈 조심! 돈은 꼭 필요하지만 돈 때문에 망한 가정이 많아요. 먼저 주님을 사랑하세요.

–돈이 없어 망할 염려 없는 잠언 씀.

바보 같은 지혜자와 똑똑한 바보

"나 지혜는 명철로 주소를 삼으며 지식과 분별력을 가지고 있다"(잠 8:12)

여기서 분별력은 건전하면서도 완전한 분별력을 의미합니다. 쉽게 말하면 바른 판단력입니다. 분별에도 잘못된 분별판단이 있기 때문입니다. 주님은 당신이 지혜라고 선포하십니다. 나 I, the Wisdom 지혜는 명철로 주소를 삼는다고 말씀하십니다.

지식인과 지혜인은 비슷한 것 같으나 그 뿌리가 다릅니다. 지식은 인간적으로 습득할 수 있지만 지혜는 위로부터 옵니다. 지식은 어떤 것에 대하여 정보를 갖고 있는 것이지만, 지혜는 그 지식을 사용할 줄 아는 능력입니다.

처음에는 어리석고 바보 같이 보였지만 나중에 그가 진실로 지혜자였음을 알게 되는 경우들이 많이 있습니다. 주님을 경외하고, 예배하며 순종하는 것, 이것이 지혜인데 똑똑한 바보는 이것을 우습게 여기며 지혜를 존경하지도 않고, 지혜 배우는 것도 거부합니다. 삶을 승리로 이끄는 지혜, 삶을 세워주는 지혜를 배우려고 하지 않으니 그 삶의 말로는 보지 않아도 뻔합니다. 말해 주어도 안 돼요. 스스로 경험하는 길밖에 없지요. 결국에는 크게 값을 지불하고 나서 후회하고 돌아오지만 이미 때를 놓치고 맙니다.

–똑똑한 바보들이 안타까운 잠언 씀.

취약인지 보약인지 분별하라

"분별력이 너를 지켜주고 명철이 너를 보살펴 줄 것이다"(잠 2:11)

분별력은 영어로 'discernment' 입니다. 어떤 사건 혹은 사람을 볼 때, 서론 본론 결론까지 한눈으로 식별할 수 있는 능력이 분별력입니다. 세상 말로 쥐약인지 보약인지 식별하는 눈입니다. 이 분별력의 눈이 없으면 계속 실패, 후회, 어리석음만 반복하고 주책주님께서도 책임 못 지는 사람이 됩니다. 예로 아담과 이브는 분별력이 없었고, 요셉은 분별력을 가진 사람입니다.

예수님도 분별력을 언급하면서 거절할 것과 받아들어야 할 것을 분별하셨습니다. 이것은 영리하다거나 머리가 좋다는 것과는 다르며 주님이 정직한 자에 주는 식별의 눈입니다. 분별력은 지혜이며 명철입니다.

목회를 할 때에 이 분별력은 참으로 중요합니다. 성도들은 한 면만 보지만 이 분별력을 가진 지도자는 전체를 보게 됩니다. 과거, 현재, 미래를 다 보면서 결단하게 됩니다. 예수님은 바리새인들이 표적을 보여 달라고 했을 때, 그들의 동기가 무엇인지 분별하셨습니다. 그래서 표적을 보여주지 않았습니다. 이런 분별력이 신앙생활을 하는 데 꼭 필요합니다. 분별력이 없이 이리 저리로 휘말리다가는 '푯대를 향하여' 나아갈 수가 없습니다.

–분별의 힘을 믿는 잠언 씀.

사람이 먼저 됩시다

"악으로 선을 갚으면 그의 집에서 재앙이 떠나지 않는다"(잠 17:13)

가장 많이 은혜와 혜택을 받은 사람이 가장 먼저 반역하고, 가장 많이 부모의 은혜를 입은 자녀가 불효자가 되며, 별로 자식에게 해준 것이 없는 자녀가 효자, 효녀가 되는 것을 봅니다. 국가와 회사로부터 가장 많은 혜택과 은혜를 받은 사람이 가장 먼저 국가와 회사를 욕하는 것을 봅니다. 가장 많이 은혜를 입은 성도가 제일 먼저 목사님을 내보내는 데 앞장서는 것을 보게 됩니다.

받았던 은혜는 바위에 새기고 잊지 말라는 말이 있습니다. 은혜를 악으로 갚게 되면 그의 집에 재앙이 떠나지 않는다고 오늘 잠언은 말씀하고 있습니다. 강아지도 자기에게 밥 주던 주인을 알고 감사하며 충성한다는데 적어도 사람이면 이미 받았던 은혜와 자비는 잊지 않는 것이 당연하지요. 개만도 못하다는 것이 무슨 뜻이겠어요? 신앙인이 되기 전에 먼저 사람이 되어야지요. 위를 바라보며 효를 하고 감사를 할 수 있는 것이 사람됨이 아닐까요? 안 그래요?

하포하나님이 포기한 사람, 목포목사가 포기한 사람가 되어서는 안 되겠지요. 마포마귀가 포기한 사람가 되어야 하겠지요? 마귀의 나라에는 감사가 없으니 열심히 감사하며 사는 이들은 마귀가 포기하리라고 믿습니다.

–은혜와 자비를 잊지 않으려는 잠언 씀.

웃음은 세금을 물지 않는다

"밝은 얼굴은 사람을 기쁘게 하고 좋은 소식은 사람을 낫게 한다"(잠 15:30)

우리 한국인들의 표정은 다른 민족과 비교할 때 대개 무표정입니다. 약간 화가 난 듯한 심각한 모습입니다. 예로 미국사람은 아침에 누구를 만나든 미소로 먼저 인사합니다. 아는 사람이 아니라고 해도 "hello"를 합니다. 저녁에 동네를 걷게 되면 모두가 친절하게 인사를 합니다. 어떤 사람은 "good night!"하면서 잠도 잘 자라고 축복을 합니다. 미국에서는 사람들이 그냥 무뚝뚝하게 지나가는 경우가 없습니다. 아는 사람이든, 모르는 사람이든 밝게 웃으며 인사를 합니다.

인간관계외교에서 밝은 얼굴, 웃는 얼굴은 필수이지요. 김연아 선수의 웃음이 평창외교를 성공하게 하는 중요한 요소였지요. 이렇게 웃는 얼굴이 서로 행복하게 만들어요. 한방에서 기氣는 기분의 기氣와 같은 것인데 기氣는 X-Ray나 피검사로도 나타나지 않는다고 해요. 그러나 이 기氣의 영향이 사람을 낫게 한대요. 솔 교수님도 좋은 소식은 사람을 낫게 한다고 말씀하십니다. 서로 밝은 얼굴미소, 좋은 소식 나눕시다. 좋은 소식 자체가 치유케 한다고 하잖아요, 동시에 신종독감에서도 자유! 미소는 No Tax. 세금 없습니다. 마음껏 미소 짓고 웃고 즐거워하세요.

-신나게 웃음짓는 잠언 씀.

최소한의 상식도 못 지키는 사람들

"비뚤어진 말을 하는 사람은 다툼을 일으키고 중상하는 사람은 친한 벗들을 이간시킨다"(잠 16:28)

잠언은 많은 윤리적인 지혜를 주고 있는데 최소한 윤리적인 것도 지킬 수 없는 사람이 신앙을 언급하면 어느 때는 이웃에게 혼돈을 주더라고요. 최소한 상식적인 것도 지키지 못하는 사람들이 교회의 중직이라고 한다면 어떻게 덕이 되겠습니까? 길거리의 보통 상식도 유지 못하면서 신앙을 언급할 때는 사람들도 당황하고 하나님도 당황하지 않으실까요?

본문을 의역하면 사악한 사람에 의하여 퍼지는 나쁜 소문은 문제를 일으키고 친구관계를 끊어 놓는다고 합니다. 죄를 지었기에 죄인이 아니라 죄인이기에 죄를 짓는다는 말이 있듯이 원래 나쁜 사람이기에 나쁜 소문을 내고 친구관계를 끊어 놓는 것이 아닐까요?

열매를 보면 나무를 압니다. 그런데 요사이는 종자도 바꾸더라고요. 사람의 종자도 좀 바꿀 수 없을까요?

-최소한의 상식은 지키고 사는 잠언 씀.

성공을 보장 받은 사람

"정직한 사람은 성실하게 살아 바른 길로 가지만 사기꾼은 속임수를 쓰다가 제 꾀에 빠져 멸망한다"(잠 11:3)

인간의 기본 성공의 품성 중에 가장 중요한 것은 정직과 성실입니다. 이러한 성품을 가진 사람들은 이미 성공을 보장 받은 사람입니다. 그리고 실패한 사람을 보면 이미 그 자신 스스로 실패할 요소를 가지고 있더군요. 그것은 부정직과 불성실입니다.

사기꾼은 누가 망하게 한 것이 아니라 자기 자신이 자신을 망하게 합니다. 그것은 잔꾀인데 잔꾀는 부정직성과 불성실이 합쳐진 것입니다. 정직한 사람은 잔꾀에 의지하지 않고 지혜에 의지하기 때문에 성실하게 성공의 길로 들어섭니다.

사람은 참 답답해요. 확실히 실패하는 데 자신의 에너지를 투자해요. 잔꾀와 속임수를 가장 보장받는 성공의 길이라고 착각해요. 착각은 자유이지만 제대로 된 착각을 해야 하겠지요. 정직과 성실이 지혜이며 성공의 길입니다.

평생을 저는 성실하게 살려고 노력했고 정직하게 살려고 노력했습니다. 그래서 부자 된 것도 아니고 누가 알아준 것도 아니지만 하나님 앞에서 평강이라는 축복을 누리고 있습니다.

–성공합시다! 솔 제자 씀.

죄의 공범자가 되지 맙시다

"악인을 의롭다고 하거나 의인을 악하다고 하는 것은 둘 다 주님께서 싫어하신다"(잠 17:15)

한국 사람들은 때로, 어느 때는 큰 약점이 되는 친구의 의리義理라는 것을 담보로 악인을 의롭다고, 의인을 악하다고 합니다. 이것은 의리를 내세워 자기 이익을 구하는 장사꾼의 심리입니다. 친구를 죄의 공범으로 만드는 마귀의 수작입니다.

아무리 친해도 악인이 의인으로 포장될 수 없고 의인이 악인으로 억울함을 겪는 일은 없어야 합니다. 친구, 동창, 동료, 고향친구라 하여 잘못과 죄를 두둔하고 옹호하는 죄의 공범이 되지 맙시다. 그것을 하나님이 너무 싫어하십니다. 예수님처럼 죄에 단호함이 필요하며. 친구 간에 의리 없다고 왕따를 당해도 틀린 것은 틀린 것이라고 용감하게 말하십시오.

그래서 어떤 때는 옳고 그른 것으로 그룹이 나누어지는 것이 아니라 친분관계로 나누어져서 더 혼선을 겪는 경우가 많습니다. 가까운 사람이 무조건 옳은 것입니다. 관계가 먼 사람은 무조건 악인입니다. 마귀는 이런 친분관계를 이용하여 분별력을 잃어버리게 하며 하나님이 가장 싫어하는 것을 하도록 하여 하나님과 동행하지 못하도록 합니다. 그 마귀의 궤계에 넘어가지 마시기 바랍니다.

–악인과 의인을 구별하려는 솔 교수님 제자 씀.

가장 귀한 보배는?

"세상에 금도 있고 진주도 많이 있지만 정말 귀한 보배는 지각 있게 말하는 입이다"(잠 20:15)

말에는 힘, 능력Power이 있습니다. 하나님은 말씀으로 세계를 창조하셨고, 예수님은 말씀으로 치유하셨습니다. 입에는 사람을 죽게도 살게도 하는 힘이 있습니다.

> "누구든지 말에 실수가 없는 사람은 온 몸을 다스릴 수 있는 온전한 사람입니다"약 3:2.

금, 진주, 귀한 보물도 귀하지만 가장 생의 결정적인 순간에는 아무 소용이 없습니다. 그 안에는 생명을 살리는 힘이 없습니다. 하지만 주님의 말씀은 죽었던 자를 다시 살리고, 절망적인 환자를 치유하는 생명의 힘이 있습니다.

그래서 솔 교수님은 지혜와 지식을 말하는 입이 금, 진주, 보석보다 더 가치 있고 귀한 것이라고 말씀하십니다.

"예수께서 입을 열어서 그들을 가르치셨다"마태복음 5장. 주님도 입을 열어서 복을 말씀하셨습니다. 그 입이 참으로 복되고 복된 보배입니다. 여러분들의 입도 보배입니까?

–입이 무거운 솔 제자, 잠언 씀.

의인은 주님이 지킵니다

"주님은 의로운 생명은 주리지 않게 하시지만 악인의 탐욕은 물리치신다"(잠 10:3)

미국 경제위기의 가장 큰 원인은 욕심과 탐욕입니다. 국민도 은행도 돈에 욕심을 부렸습니다. 분수에 맞지 않게 은행에서 돈을 빌려서 집을 산 것이 모두 부도가 나고, 연쇄적으로 돈을 빌려준 은행들이 파산하여 다른 기업까지 영향을 미치고 있습니다. 그래서 경제대란, 실업, 국가 부도와 파산, 지구촌 전체에 불황을 가져오게 되었습니다. 그 결과 탐욕을 부린 자들은 쓰러졌고, 평소 욕심을 부리지 않고 건실하게 생활해 온 개인과 회사는 불황 속에서도 건재하여 살아남았습니다.

한국에도 너무 빚이 많아서 많은 사람들이 고통을 당하고 있습니다. 빚은 빚을 낳습니다. 욕심은 욕심을 낳습니다.

> "욕심이 잉태하면 죄를 낳고 죄가 자라면 죽음을 낳습니다"약 1:15.

주님께서 의로운 사람은 배고프게 내버려 두지 않으시지만 사악한 사람의 간절한 열망은 물리치신다고 솔 교수님이 지적합니다. 이 말을 의역하면 '의인은 주님이 책임지십니다' 입니다.

–주님, 책임져 주시옵소서. 잠언 씀.

한번 선택이 영원을 결정한다

"너희는 은을 받기보다는 내 훈계를 받고 금을 선택하기보다는 지식을 선택하여라"(잠 8:10)

"한 번의 선택이 10년을 좌우합니다"라는 자동차 광고가 있습니다. 그러나 한번 선택이 평생을 좌우하고, 영원을 결정하기도 합니다. 예를 들어봅시다. 아브라함, 요셉, 야곱, 여호수아, 갈렙은 우선 선택에 성공하였고, 반대로 이브, 에서, 롯, 사울, 삼손, 헤롯 왕 등은 선택에 실패합니다.

그런데 저의 멘토이신 솔 교수님의 선택이란?

은보다 나의 가르침, 금보다 지식을 선택하라는 것입니다. 우리는 은과 금을 선택하다가 확실하게 후회합니다. 사탄은 먹음직하고 보암직도 하고 탐스럽다 할 만한 열매로 유혹함으로 대부분 쓰러지게 만듭니다.

남성은 눈을 통하여, 여성은 귀를 통하여 유혹받습니다. 남성은 눈이, 여성은 귀가 약해요. 어떤 것을 선택하느냐에 따라서 여러분의 인생이 결정됩니다. 한 번의 선택이 평생을 좌우합니다. 한 번의 선택이 영원을 결정합니다.

–아내를 잘 선택하여 평생이 행복한 솔 제자 씀.

잘 사는 공식

"아버지는 내게 이렇게 가르치셨다 내 말을 네 마음에 간직하고 내 명령을 지켜라 네가 잘 살 것이다"(잠 4:4)

지나고 보면 부모님의 말씀이 다 진리였는데 쓸데없는 교만과 고집을 부리다가 필요도 없는 쓰라린 실패를 합니다. 솔 교수님은 아버지다윗 왕가 평소에 하신 말씀, 세 가지가 있는데 그것은 다음과 같다고 하였습니다.

1) 잘 듣고 기억하라.

2) 마음 속 깊이 간직하라.

3) 내가 말한 것을 그대로 지켜라.

이것이 자녀에게 준 돈이나 재물보다 귀한 지혜의 유산입니다. 우리는 돈, 집, 사업체, 부동산을 유산으로 남겨주려고 애쓰고 있지만 지혜를 유산으로 남겨 주는 것은 하찮게 여기며 관심이 없습니다.

부모의 지혜의 유산+자녀의 순종 = 잘 살 것이다!

솔 교수님의 잘 사는 길의 공식입니다. 기억하세요. 마음에 간직하세요. 그리고 그대로 지켜보세요.

–잘 살아보세~ 솔 제자 씀.

신앙의 종합비타민 드세요

"네 마음을 다하고 네 목숨을 다하고 네 뜻을 다하여 주 너의 하나님을 사랑하여라 네 이웃을 네 몸과 같이 사랑하여라"(마 22:37, 39)

예수님은 가장 중요하고 으뜸가는 계명을 "주 너의 하나님을 사랑하고 네 이웃을 네 몸과 같이 사랑하는 것"이라고 말씀하셨습니다. 얼마 전에 저는 건강진단을 위해 피검사를 했습니다. 피검사는 수치가 너무 높아도, 반대로 너무 낮아도 비정상입니다. 고혈압도, 저혈압도, 고혈당도, 저혈당도 모두 위험합니다.

신앙도 건강한 신앙이 있는데 저는 신앙생활이 종합적comprehensive이고 온전해야 한다고 봅니다. 이것을 신앙 인격이라고 말하는데 예수님은 주님 사랑, 이웃 사랑에서 신앙 인격이 완성된다고 말씀하셨습니다. 예수님은 이 두 가지가 모든 온전한 신앙생활의 종합적인 표현이라고 하십니다.

한쪽으로만 과하면 비정상입니다. 약도 과하면 독약이 되듯이 주님의 말씀인 신약, 구약도 자기가 좋아하는 말씀만 먹지 말고 골고루 먹어야 합니다. 비타민도 종합 비타민이 있잖아요? 예수 믿고 건강하고 온전하게 사는 것, 이것이 진정한 구원받는 자의 생활입니다.

–온전히 살리라 다짐하는 솔 제자 씀.

격려의 말도 세금을 물지 않는다

"따뜻한 말은 생명나무와 같지만 가시 돋친 말은 마음을 상하게 한다"(잠 15:4)

저의 신학교 동기 중에 하나가 미국에서 40대에 의학공부를 시작하여 50대에 의사가 되었습니다. 의사가 된 후에 목사가 된 경우는 있지만 목사가 먼저 된 후에 미국에서 정식 의사내과가 된 경우는 드뭅니다. 미국에서 태어난 사람들도 의사가 되기 힘들다고 하는데 외국인이 40대에 의학을 공부하려고 결단을 내는 것은 보통 용기가 필요하지 않았습니다.

그 친구는 의사가 된 후 자신이 의학공부를 한다고 했을 때 주위에서 대부분 냉소적, 부정적 말을 하였답니다. 그런데 윤남옥 목사 한 사람만이 격려의 말을 해 주었고, 그 말이 상당히 도움이 되었다면서 언제나 기억하며 감사하고 있다고 말했습니다.

따뜻한 말은 생명나무입니다. 가시 돋친 말은 영원히 상처로 누군가의 가슴에 남게 됩니다. 하나님은 모세, 여호수아, 엘리야를 격려했고 예수님은 베드로, 간음죄를 지은 여인에게 따뜻한 말을 하였습니다. 격려는 인생을 바꿉니다. 또한 웃음과 같이 격려도 세금을 물지 않습니다.

–격려하는 사람이 되고 싶은 잠언 씀.

여론에 흔들리지 말라

"남들이 하는 말에 마음을 쓰지 말아라 자칫하다가는 네 종이 너를 욕하는 것까지 듣게 된다 너 또한 남을 욕한 일이 많다는 것을 너 스스로 잘 알고 있다"(전 7:21,22)

물론 남의 말을 통 안 듣는 고집불통도 문제이지만 너무 귀가 가벼워 소신 없이 여론에 흔들리는 것도 또한 문제입니다. 하지만 예수님은 이 두 가지 말들, 들어야 할 말과 물리쳐야 할 말을 분명히 구분하셨습니다. 소신과 여론 이 두 가지를 구분하십니다.

우리는 남들의 하는 말에 너무 신경을 많이 씁니다. 내 인생을 내가 살아가는 것이 아니라 남의 혀평가에 의하여 내 인생이 좌지우지 되는 경우가 많습니다. 어느 목사님이 말씀하기를 "내 차는 연료에 의하여 달려가는 것이 아니라 내 아내의 잔소리로 달려간다."고 해서 웃었던 적이 있습니다. 정말 다른 이들의 여론을 신경 쓰다가 온 인생을 허비해 버리지 않았는지 모르겠습니다. 악풀에 시달리다가 자살하는 연예인들에게도 이런 지혜가 있었다면 생명을 누렸을 것입니다. 여론은 물거품 같은 것입니다. 아무도 그 여론을 책임지지 않습니다. 그리고 여론은 스스로 기억조차 하지 못합니다.

예수님은 주변의 말들, 여론에 흔들리지 않았습니다. 이것이 주님의 당당한 리더십이었습니다.

-흔들리지 말자. 잠언 씀.

나누세요!

"당신들은 포도를 딸 때에도 따고 난 뒤에 남은 것을 다시 따지 마십시오 그 남은 것은 외국 사람과 고아와 과부의 것입니다"(신 24:21)

미국은 오늘 추수감사절입니다. 추수감사절은 이곳에서는 최대의 명절이며 공항, 고속도로가 가장 붐비는 날입니다. 그런데 이 날, 우리가 기억해야만 하는 것이 있습니다. 주님은 추수한 뒤, 올리브 열매를 딴 뒤에는 남은 것을 그대로 두라고 하십니다. 그것은 외국인, 고아, 과부의 몫이라는 것입니다. 그러면서 당신들도 애굽에서 종살이하던 때를 기억하라고 하셨습니다. 하나님께서 이런 명령을 하시는 이유는 서로 어려운 때를 기억하고 도우라는 말씀입니다.

11월, 추수감사절은 나 혼자만 배부르게 먹는 절기도 아니요, 우리 교회에서 배부르게 음식을 나누는 때도 아니요, 감사와 복을 이웃과 함께 나누는 날입니다. 솔 교수님은 이렇게 말씀하셨습니다.

> "남에게 나누어 주는데도 더욱 부유해지는 사람이 있는가 하면, 마땅히 쓸 것까지 아끼는데도 가난해지는 사람이 있다"잠 11:24.

나누세요. Share yours with others!

–추수감사절에서도 혼자 집을 지키는 싱글, 잠언 씀.

성도들이 듣기 원하는 말씀 혹은 들어야 될 말씀??

"목숨을 살리는 책망에 귀 기울이는 사람은 지혜로운 사람들 사이에 자리를 잡는다"(잠 15:31)

노련한 지도자일명 프로 목회자는 상대방이 듣기 원하는 말을 선택합니다. 좋게 평가하면 희망, 용기, 위로, 격려라는 주제들입니다. 다시 말하면 꼭 상대방이 필요로 하는 말은 모두 빼 버렸다는 뜻입니다. 상대방을 세워주고, 회개도 하고 변화도 받을 수 있는 그런 말이 아니라 상대방이 듣기 원하는 말들만 한다는 뜻입니다. 즉 귀만 즐겁게 해 주는 말씀이지요. 이것이 경력을 많이 쌓아 올린 노련한 목회자들이 가장 받기 쉬운 유혹입니다.

괜히 성도들이 들어야 할 말씀, 꼭 필요한 말씀을 전하다가 인심이나 인기를 잃어버릴 필요가 없다는 계산입니다. 하지만 예수님은 자신의 측근까지도 사탄이라고 책망하는 용기를 보이셨습니다. 책망에 귀 기울이는 자는 지혜자라고 솔로몬은 말합니다. 저 역시 책망하기도 책망을 듣기도 싫거든요. 하지만 지혜자가 됩시다!

책망은 곧 보약입니다.

-스승 솔로몬 교수도 놀랬다는 제자 잠언 씀.

하나님은 복권의 하나님?

"쉽게 얻은 재산은 줄어드나 손수 모은 재산은 늘어난다"(잠 13:11)

인생을 복권에 거는 사람들이 많습니다. 미국에도 로또를 사려고 줄을 서는 가게가 있습니다. 이곳에서 복권이 당첨되었다는 소문이 나면 그 가게 앞에 줄을 서서 로또를 삽니다. 그것도 가난한 사람들이 줄을 서서 복권을 사려고 합니다. 하루아침에 대박을 보려고 하는 사람들이지요.

복권을 사서 인생을 바꾸어보려는 사람들이 있는가 하면, 하나님을 로또의 하나님, 대박의 하나님이라고 생각하는 사람들이 있습니다. 심지도 않고 수고도 하지 않고 대박을 기다리며 하나님께 매달리는 사람들이 있습니다.

하나님은 먼저 구하라고 말씀하셨고, 곧 이어서 찾고 두드리라고 말씀하셨습니다. 구하는 기도만 하고 찾고 두드리는 일을 하지 않는다면 응답이 올 수가 없을 것입니다. 오늘 잠언에서도 쉽게 얻은 재산은 쉽게 없어진다고 말씀합니다. 사기를 쳐서 돈을 모으는 것도 돈이 쉽게 없어지는 원인이 됩니다. 자신의 손을 수고하여 하나씩, 하나씩 모아가는 즐거움을 누리시기를 바랍니다. 어떤 길도 왕도는 없습니다. 정직한 길, 성실한 길, 이것이 지혜자가 걸어야 할 길입니다.

–복권은 안 사는 솔 제자 씀.

보증을 서지 말라

"이웃의 손을 잡고 서약하거나 남의 빚에 보증을 서지 말아라 너에게 갚을 것이 아무 것도 없다면 네가 누운 침대까지도 빼앗기지 않겠는가"(잠 22:26,27)

"모르는 사람의 보증을 서면 곧 고통을 당하지만 보증서기를 거절하면 안전하다"잠 11:15.

솔로몬 시대에 벌써 보증을 서는 일이 있었다는 것이 놀랍습니다. 가끔 보면 보증을 서고 전 재산을 날려 보내는 안타까운 가정들이 많이 있는데 솔 교수님은 그 이야기를 벌써 수천 년 전에 경고하신 것입니다.

자신도 근근이 살아가는 사람들이 인정과 의리에 몰려서 보증을 서는 경우들이 많이 있습니다. 잠언에서는 "누운 침대까지도 빼앗기지 않겠는가?"라고 말씀하고 있지만 보증을 서면 그보다 더 큰 것을 빼앗기게 됩니다. 그것은 서로의 신뢰하는 관계입니다. 물건은 빼앗기면 다시 회복이 될 수가 있지만 깨어진 신뢰의 관계, 그래서 미워하는 관계가 된다면 물질보다도 더 큰 것을 잃어버리게 됩니다. 또한 그 보증으로 인하여 자신도 빚의 노예가 됩니다. 보증을 서지 마세요. 이것은 예전이나 지금이나 명심해야 할 말씀입니다. 물조심, 불조심, 말조심, 그리고 빚조심!

–스승 솔로몬의 수제자 무명씨 씀.

이웃집에 자주 드나들지 말아라

"이웃집이라 하여 너무 자주 드나들지 말아라 그가 싫증이 나서 너를 미워하게 될지도 모른다"(잠 25:17)

저는 잠언을 읽을 때마다 무릎을 치고 감격하는 말씀이 있습니다. 그것은 바로 이웃집에 너무 자주 드나들지 말라는 말씀입니다.

교인들 가운데 너무 가까이 하는 지내는 분들이 많이 있습니다. 돈도 꾸어주고, 이틀이 멀다 하고 만나서 식사도 하고 저녁 대화도 하는 집들 말입니다. 그리고 그것도 모자라서 형님, 아우 관계를 맺는 경우들이 있어요. 그런데 그런 가정들마다 관계가 계속되는 것을 보지 못합니다.

돈 문제로 헤어지기도 하고, 너무 시시콜콜 다 알아서 헤어지기도 하고, 아니면 서로 작은 문제로 오해하고 다툼이 일어나기도 합니다. 그래서 저는 교인들끼리 의형제 맺었다는 사람들에 대하여 긍정적인 시각으로 보지 않습니다.

여러분! 오래 관계를 가지려면 돈 관계하지 마세요. 조금은 거리를 멀리 두세요. 적당히 거리를 두세요. 이것이 바로 지혜자의 길이예요.

–성도들이 또 갈라질까 봐 걱정하는 솔 제자 씀.

짠돌이가 잘 사는가?

"남에게 나누어주는데도 부요해지는 사람이 있는가 하면 마땅히 쓸 것까지 아끼는데도 가난해지는 사람이 있다 남에게 베풀기를 좋아하는 사람이 부요해지고 남에게 마실 물을 주면 자신도 갈증을 면한다"(잠 11:24,25)

마음이 밴댕이젓만도 못하다는 말을 자주 합니다. 다른 말로 짠돌이, 짠순이라고 부르기도 합니다. 어떤 때는 그 사람에게 들어간 돈은 다시는 나오지 않는다고 평을 받는 사람들도 있습니다. 이런 사람들이 잘 살 것 같은데 그렇지 않습니다. "없다, 없다"하는 사람은 계속 없고, "안 된다. 안 된다"라고 말하는 사람도 잘 되는 것을 못 봅니다. 제가 아는 분은 해마다 심방을 가면 "작년하고 또 달라요. 이번에는 너무 상황이 나빠졌어요. 사업이 작년 대비 50%도 매출이 없어요."라고 엄살을 떠는 분들이 있는데 얼마 후 망했다는 소식을 들었습니다. 작년보다 매출이 50% 줄어들고 그 다음 해에는 또 50% 줄어들었으니 마지막은 망하는 길밖에 없겠지요.

과도히 아끼는 것과 검소하게 사는 것은 다릅니다. 남을 돕기 위해 과도히 아끼는 것은 검소하게 산다고 말하고, 자신의 부를 위해 과도히 아끼는 것을 욕심쟁이라고 말합니다. 지혜자는 검소하게 살며 남을 배려하고 나눕니다.

-잘 나누어주지 못하며 사는 잠언 씀.

여러분은 지옥체질입니까?

"미련한 사람은 나쁜 일을 저지르는 데서 낙을 누리지만 명철한 사람은 지혜에서 낙을 누린다"(잠 10:23)

사람은 무슨 일을 하는 데 낙을 가지느냐에 따라서 구분이 된다고 합니다. 세상에는 나쁜 일 하는 것을 즐기는 사람이 있어요. 예를 든다면 험담, 나쁜 소문내는 것, 싸움, 분쟁, 거짓말, 속이는 것, 파벌, 이간질 등을 즐기는 사람이 있습니다.

죄는 재미와 스릴이 있고요, 좋은 일은 재미가 없고 심심해요. 그래서 지옥 체질은 지옥이 재미가 있고, 천국은 지루하고 심심하고 재미가 없어서 천국에 가도 살 수 없다고 하네요. 천국 체질은 예배, 찬양, 기도, 헌신, 봉사, 성경, 선교, 자선, 헌금, 순종, 묵상, 지혜 등에 낙이 있다고 해요.

우리의 낙은 어디에 있습니까? 여러분의 체질은? 만일 우리가 지옥 체질이라면 체질개선이 시급한 과제네요. 천국 체질로 개선하는 메누하 치유 세미나, 바로 여러분을 위한 것이 아닌지요? 여러분들도 체질 개선이 필요하면 언제든지 오세요. 대환영입니다.

–천국 체질로 개선한 지 얼마 안 되는 잠언 씀.

너의 계획에 주님을 초청하라

"계획은 사람이 세우지만 결정은 주님께서 하신다 네가 하는 일을 주님께 맡기면 계획하는 일이 이루어질 것이다"(잠 16:1,3)

이것을 다시 해석하면 다음과 같습니다. "너의 계획을 주님께 맡기면 너의 계획들은 성공할 것이다." 혹은 "너의 계획에 주님의 축복을 초청하라. 너는 성공할 것이다."

하지만 우리들은 하나님께 맡기지 못하고 처음부터 끝까지 자기가 다하려고 합니다. 그리고 결과도 내 뜻대로 되어 가기를 원합니다. 하지만 우리가 하는 일에 주님을 초청하지 않으면 소망이 없습니다. 주님이 동참해주지 않으면 어떤 것도 성공할 수가 없습니다. 우리가 최선을 다하고 그 다음에는 주님이 하시도록 주님을 초청해야 합니다. 그래야 복을 받습니다.

계획을 주님께 맡기면 여호와 이레주님께서 준비하셨다되신 하나님이 함께 하실 것입니다. 결국 주님은 가장 좋은 길로 인도하실 테니까요. 주님의 인도함을 받았는데 실패한 것을 보셨나요? 주님이 준비해주시는데 부족한 것이 있었나요? 주님이 개입하신 일이 무효로 돌아간 것을 보셨나요? 안 그래요? 주님을 초청하세요. 복주시기를 원하시는 주님을 초청하세요.

–주님초청잔치를 열고 싶은 잠언 씀.

나쁜 것이 100배로 돌아온다면

"좋은 일을 애써 찾으면 은총을 받지만 나쁜 일을 애써 추구하면 나쁜 것을 되받는다"(잠 11:27)

심은 대로 거둔다는 말씀이 있듯이 선한 목적을 가지고 실천하면 신용, 존경, 명성을 얻고, 나쁜 일을 모의하고 행하면 나쁜 것이 되돌아온다는 뜻입니다. 되돌아온다는 것이 바로 심은 대로 거둔다는 말과 통하는 것이지요.

한국에서 심고 미국에서 거두고, 서울에서 심고 부산에서 거두며, 부모가 심고 자녀가 거두고, 1980년에 심고 2009년에 거두고, 김 씨에게 심고 박 씨를 통하여 거둡니다.

그러므로 선한 씨앗을 때를 얻든지 못 얻든지 열심히 뿌립시다. 꼭 추수합니다. 복을 심어요. 사랑을 심어요. 지혜를 심어요. 이 모든 것이 30배, 60배, 100배로 돌아올 것입니다. 하지만 나쁜 일을 심은 사람도 30배, 60배, 100배로 돌아온다는 것을 알아야 해요. 좋은 것이 열매를 맺는 것은 좋지만, 나쁜 것이 100배의 수확을 거둔다면 얼마나 참담하겠습니까? 어떤 것을 심든지 그대로 거둔다면 선한 것, 착한 것을 더욱 열심히 심읍시다. 여러분은 지금까지 어떤 것을 심었나요?

–씨 뿌리는 농부 잠언 씀.

끼리끼리 좋아한다

"의인은 불의한 사람을 싫어하고 악인은 정직한 사람을 싫어한다"(잠 29:27)

인간관계에서 코드 혹은 화학적 반응이 중요하다는 말이 있습니다. 그래서 '코드 인사'라는 말도 있습니다. 서로 코드가 맞는 사람을 쓴다는 이야기지요.

솔 교수님은 아주 분명하게 인간관계의 코드에 대하여 말씀해 주십니다. 악인은 정직한 사람을 싫어한다고요. 이유는 정직한 사람은 악인에게 이익이 되지 않기 때문입니다. 악인들을 좋게 표현하면 융통성이 있는 것이고 나쁘게 표현하면 편법을 자유자재로 변화무쌍하게 사용하는 사람들입니다. 정직한 사람이 정도를 가면 무능하고 답답하게 여기는 사람들입니다.

반대로 의인은 악인을 싫어합니다. 악인의 옆 자리에도 앉아있기를 싫어합니다. 의인에게 악인은 코드가 맞는 사람이 아니니까요. 친구들을 보면 그 사람을 알 수 있어요. 끼리끼리 모입니다. 안 그래요? 여러분은 어떤 성향의 사람과 함께 할 때 편한지요? 괜히 편하고 좋으면 그 사람이 여러분들과 코드가 맞는 사람입니다. 그러면 그 사람을 자세히 살펴보세요. 그 사람에게서 여러분의 모습이 보일 테니까요.

–코드 잘 맞는 사람 좋아하는 솔 제자 씀.

현대판 금송아지를 따르는 것, 헛되고 헛되다

"많은 사람이 통치자의 환심을 사려고 하지만 사람의 일을 판단하시는 분은 주님이시다"(잠 29:26)

이스라엘은 보이지 않는 모세보다 보이는 금송아지를 더 의지하였습니다. 모세가 더 이상 보이지 않았기 때문입니다. 그래서 기다리던 백성들은 보이는 금송아지를 만들어 그 앞에 절을 합니다. 보이는 것이 더 확실하기 때문입니다.

마찬가지로 현대인들 역시 힘이 있는 자, 권력을 가진 자에게 줄을 서고 의지합니다. 이것이 현대판 금송아지입니다. 하지만 모든 것을 최종 결정하시는 분은 주님이십니다. 세상에 기대를 걸었다가는 허무해집니다. 허무란 원래 기대할 가치 자체가 없는 것에 기대했다가 뒤늦게 아니라는 것을 알았을 때에 가지는 공허감입니다.

주님에게만 소망이 있는데, 아무 힘이 없는 금송아지를 믿고 올인했다가는 큰 낭패를 보기 십상입니다. 사람의 일을 판단하시는 분은 주님이신 것을 믿고 그렇게 살아간 사람이 바로 요셉입니다. 그 요셉의 하나님이 역사를 주관하셨습니다. 이 사실을 기억하는 자들이 복된 자들입니다.

–어느 때는 스승보다도 지혜로운 잠언 씀.

가난한 사람에게 은혜를 베풀면

"가난한 사람을 억압하는 것은 그를 지으신 분을 모욕하는 것이지만 궁핍한 사람에게 은혜를 베푸는 것은 그를 지으신 분을 공경하는 것이다"(잠 14:31)

제가 싫어하는 사람 중에 하나가 자신보다 약한 자에게는 교만, 거만, 무례, 무시하는 태도를 가지면서 자기보다 강한 자, 가진 자에게는 남에게 다 보일 정도로 아첨, 아양, 비위 맞추기에 정성을 다하는 이중인간입니다. 교만도 아첨도 둘 다 잘못된 것이지만 꼭 해야 되겠다면 반대로 강한 자 앞에서는 당당함을, 약한 자 앞에서는 겸손함을 가지는 태도가 좋지 않을까요? 세상말로 출세에 지장이 생겨도 말입니다.

약한 자를 무시하고 무례한 것은 곧 주님을 모욕하는 것입니다. 하나님은 가난하고 궁핍한 자에게 은혜를 베푸는 것이 곧 창조주 하나님을 공경하는 것이라고 말씀하고 있습니다. 그 가난한 자들도, 궁핍한 자들도 모두 하나님이 사랑하시는 백성들이기 때문입니다. 그들도 하나님이 만드신 작품이기 때문입니다. 하나님도 분명히 이중인간을 싫어하십니다.

–늘 겸손하려 애쓰는 잠언 씀.

일이 잘되고 행복한 사람은?

"말씀에 따라 조심하며 사는 사람은 일이 잘 되고 주님을 믿는 사람은 행복하다" (잠 16:20)

말씀에 따라 사는 사람이 잘된다는 말은 그런 사람들이 성공한다는 뜻입니다. 실패의 가장 큰 원인은 주님의 가르침에 무관심하고 불순종하기 때문입니다. 좋은 예를 들어본다면 탕자는 사업하다가 실패한 것이 아니라 이미 처음부터 실패를 향하여 간 것입니다. 실패가 우연히 일어난 사고가 아니라 필연의 결과입니다. 그는 실패를 처음부터 계획한 것입니다. 이유는 주님의 말씀에 따라 조심하지 않았기 때문입니다. 그래서 돌아온 탕자를 향해 아버지는 아무 말도 하지 않습니다. 아버지는 시간상 문제이지 아들이 실패를 하고 돌아올 것을 이미 알고 있었기 때문입니다.

모든 후회는 말씀에 불순종하는 것으로부터 출발합니다. 잠언에서 많이 반복하는 단어는 아버지의 훈계와 그 말씀을 듣고 순종하라는 말씀입니다. 가르침을 듣고 순종하는 것이 성공의 길입니다. 동시에 주님께 의지하는 사람은 주님이 그런 사람들을 행복하게 해주십니다.

–행복하게 살기 원하는 잠언 씀.

말씀의 양면성

"주님의 도가 정직한 사람에게는 힘이 되지만 악행을 하는 사람에게는 멸망이 된다"(잠 10:29)

성탄절이 목자들에게는 기쁜 소식이지만 헤롯에게는 나쁜 소식이었습니다. 역시 주님의 부활도 제자에게는 기쁜 소식이지만 대제사장, 바리새인들에게는 나쁜 소식이었습니다. 또한 주님의 재림도 신부로 단장한 성도들에게는 기쁜 소식이고 힘이 되지만 믿지 않는 자에게는 멸망의 소식이며, 끝장나는 소식입니다. 이것이 말씀복음의 양면성입니다.

말씀에 순종하면 그 말씀이 힘을 주고, 재난을 막아주고 피난처가 되지만, 악행하는 사람들에게는 말씀이 큰 걸림돌이고 심판의 말씀입니다. 즉, 악행하는 자들에게는 말씀이 가장 반갑지 않은 대적인 것입니다.

내가 말씀을 지키고 순종하면 내 인생의 결정적인 순간에 주님의 말씀이 나를 지키고 보호하고 위험과 재난에서 막아 주십니다. 어떤 순간에도 힘이 됩니다. 결국 말씀이 나를 지켜준 결과가 됩니다. 이 원리가 모세와 여호수아의 간곡한 유언의 골자입니다. 말씀의 도가 여러분들에게 힘이 되기를 기도합니다.

–주님의 기쁜 소식을 기다리는 솔 제자 씀.

달란트를 빼앗긴 것은 일을 빼앗긴 것이다

"그에게서 그 한 달란트를 빼앗아서 열 달란트 가진 사람에게 주어라 이 쓸모없는 종을 바깥 어두운 데로 내쫓아라"(마 25:28,30)

저의 개인적인 해석입니다만은 이 쓸모없는 종이 달란트를 빼앗겼다는 것은 돈을 빼앗기고 은사를 빼앗긴 것보다는 일work을 빼앗긴 것이라고 봅니다. 아직 일할 수 있고, 봉사, 헌신, 자선, 설교, 목회, 선교, 심방, 봉사, 찬양, 헌금을 드릴 수 있는 것, 이것이 바로 복입니다.

할 일이 없는 사람, 직장이 없는 사람, 혹은 병원에 누워서 건강이 허락지 않는 사람들, 그래서 시간을 어디에다 써야 할지 모르는 사람들은 정말 큰 고통 가운데 있습니다. 그들에게는 일할 수 있다는 것처럼 행복한 것은 없을 것입니다.

열 달란트 받은 자는 사실 일감을 더 준 것입니다. 이것이 복입니다. 쓸모없는 종은 일에 대한 감사가 없었습니다. 일이 복이었다는 것을 바깥 어두운데서 쫓겨난 후에 비로소 깨달았을 것입니다. 찬송가에도 "일할 수 없는 밤이 속히 오리라."는 내용이 있잖아요? 일할 수 없는 밤이 오기 전에 일감을 많이 받아두고, 그리고 그 일감에 대하여 감사! 감사하세요!

–일감이 많이 주어지기를 기다리는 종, 잠언 씀.

흥분할 때 결정하지 말라

"노하기를 더디 하는 사람은 용사보다 낫고 자기의 마음을 다스리는 사람은 성을 점령한 사람보다 낫다"(잠 16:32)

대부분 흥분하였을 때 결정한 일을 후회하게 되며, 또 주님보다 한발 빠르게 가서 결정한 일들은 나중에 후회하게 됩니다. 또한 화를 내고 나면 분명히 후회하게 됩니다.

사람에게 두 가지 힘든 것은 첫째, 화를 참는 것, 둘째, 마음을 다스리는 것입니다. 솔 교수님은 아예 노하지 말라고 하시지 않고 "노하기를 더디 하라."고 말씀하십니다. 노하기를 더디 하는 자들이 용사보다도 위대하고, 성을 정복하는 것보다도 낫다고 말씀하셨습니다. 대부분 인생의 실패는 자신과의 싸움에서의 실패입니다. 사실 이브도 상대가 뱀이 아니라 자신과의 싸움에서 패한 것입니다.

인생도 주님보다 한발 느린 사람은 바보스럽게 보이지만 결국 완주하여 골인하고요, 주님보다 한발 빠른 사람은 영리한 것 같은데 자기 꾀에 빠져서 중도 탈락하더군요. 화를 낸 상태에서, 흥분한 상태에서 무엇을 결정하면 실패를 향해 달려가는 것이 됩니다. 그러므로 화도, 마음도 다스리는 자는 복이 있나니 장수할 것이로다! 아멘!

–화도 충청도 사람처럼 천천히 내는 잠언 씀.

왜 맞았는지도 모르는 아내

"악인의 길은 캄캄하여 넘어져도 무엇에 걸려 넘어졌는지 알지 못한다"(잠 4:19)

병의 원인을 안다는 것이 중요합니다. 원인과 이유를 모르면 처방도 백신도 없습니다. 현대 의학에서 아는 병보다 아직도 원인을 모르는 병이 더 많습니다.

악인은 빛 되신 주님을 모르기에 자신이 무엇에 걸려 넘어졌는지 그 이유도 실패의 원인도 모릅니다. 솔 교수님은 악인의 길은 캄캄한 밤의 길이기에 그들이 볼 수가 없다고 지적합니다. 말씀은 세상의 빛입니다. 말씀의 빛으로 조명하지 않고는 실패의 원인을 볼 수가 없습니다.

선생에게 맞아도 맞는 이유를 모르는 학생은 안타까운 학생입니다. 어느 원로목사님이 14년 동안 매일 매 맞고 오는 아내에게 물어보았답니다. "어느 때 남편의 손이 올라가더냐?" 그러나 그 아내는 모른다고 했답니다. 그래서 목사님은 이렇게 대답하고 돌려보냈다고 하네요. "그러면 계속 맞을 수밖에 없구먼." 아마 그 이유를 모르고 깨닫지 못하는 자체가 심판일지도 모릅니다.

–달 밝은 추석에 잠언 씀.

생각이 모자라는 사람은 모자라는 것을 선택한다

"생각이 모자라는 사람은 미련함을 즐기지만 명철한 사람은 길을 바로 걷는다"(잠 15:21)

농구, 야구, 축구 등 모든 경기에는 감독이 있습니다. 겉으로 보기에는 선수들 마음대로 경기하는 것 같아도 하나하나 감독의 지시를 받고 움직이는 것입니다. 감독이 경기의 판단력의 핵심이며 승패의 반절은 감독의 지혜판단력에 있습니다. 지혜는 판단력입니다. 그 지혜는 하나님 말씀 안에 있고, 그 말씀에 순종하는 데 있습니다.

그런데 미련한 자는 자기 꾀에 순종하고 주님의 말씀을 롯의 사위처럼 우습게 여기며 불순종합니다. 미련한 자들은 불순종하면서 자기는 성공하리라는 허망한 생각을 즐기는 탕자와 같습니다. 생각이 모자라는 사람은 모자라는 것을 선택하고 미련한 자는 미련한 것을 택합니다. 그래서 모자라고 미련하다는 평을 듣는 것입니다. 모두가 자기 수준만큼 선택합니다. 그것을 넘어설 수는 없습니다. 그러므로 우리들이 무엇을 선택하느냐를 보면 그 됨됨이와 수준을 알 수가 있습니다.

"그때 그 사건이 있을 때 주님 말씀에 순종할걸. 그 때 말씀을 들을걸. 더욱 하나님께 가까이 갈걸." 이런 후회는 미련한 자의 것입니다.

–미련한 자가 되지 맙시다. 솔 제자 씀.

외국인 노동자에게 은혜를

"가난한 사람을 억압하는 것은 그를 지으신 분을 모욕하는 것이지만 궁핍한 사람에게 은혜를 베푸는 것은 그를 지으신 분을 공경하는 것이다"(잠 14:31)

사람에게 모욕당하는 것은 참기 힘들며 동족에게 모욕당하는 것은 더 참기가 힘듭니다. 이런 모욕을 경험한 사람이 모세입니다. 결국 모세는 동족의 모욕 때문에 살인, 도피라는 과정을 밟게 되지요. 우리가 만일 가난한 사람을 억압한다면 그것은 곧 참기 힘든 모욕을 하나님께 드리는 것이라고 솔 교수님은 말씀하고 있습니다.

비겁한 사람의 두 종류는 첫째로 힘없는 자 앞에서는 강하고 힘있는 자 앞에서는 아첨하는 자이며, 두 번째는 남의 약점을 이용하는 자입니다. 하나님은 가난한 자들과 궁핍한 자들을 돌보는 것이 곧 하나님을 공경하는 것이라고 말씀하고 계십니다.

구약에서 이스라엘 백성들이 보살펴야 할 세 그룹의 사람들은 첫째 나그네, 둘째 과부, 셋째 고아라고 하였습니다. 그런 의미에서 한국에 와서 일하는 타 민족을 사랑하고 따뜻하게 돌보아 줍시다. 보살핌을 받아야 할 이 나그네가 한국에 있다면 그들은 곧 외국인 노동자들일 것입니다. 그들에게 은혜를 베푸는 것이 곧 주님공경입니다.

–은혜 베푸는 삶을 살기 원하는 잠언 씀.

누구를 만나느냐에 따라 우리 인생이 달라진다

"의인은 이웃에게 바른길을 보여 주지만 악인은 이웃을 나쁜 길로 빠져 들게 한다"(잠 12:26)

미주 동포사회에서 하는 말 중에 공항에 누가 마중을 나왔느냐에 따라서 이민 인생이 동서로 갈라진다는 말이 있습니다. 교회 다니는 분이 나오면 신앙생활을 하게 되고, 정원사 하는 분이 나오게 되면 십중팔구 정원사가 된다는 뜻입니다. 그만큼 처음 마중 나온 사람의 영향력이 평생을 간다는 뜻입니다.

복은 사람을 통하여 오며 귀를 통하여 받습니다. 친구는 복이 오는 통로이기에 누구를 만나는지에 따라 인생이 결정됩니다. 같은 관이라도 상수관에 있으면 생수를 마시지만 하수관에 있으면 오물을 마십니다.

오늘 잠언의 말씀처럼 자신에게 나쁜 길로 인도한 친구가 있다면 그는 악인이요, 자신에게 바른 길을 보여준 친구가 있다면 그 친구는 의인이 될 것입니다. 의인을 만나는 자들은 바른 길로 걸어가게 되며, 그 길은 복으로 인도하는 길이 됩니다. 여러분에게 처음으로 영향력을 끼친 친구나 이웃은 누구입니까? 또한 여러분은 다른 이들에게 의인입니까? 아니면 악인입니까?

–만나는 사람마다 웃게 만들었던 솔 제자, 잠언 씀.

복잡한 것 간단하게

"그렇다 다만 내가 깨달은 것은 이것이다 하나님은 우리 사람을 평범하고 단순하게 만드셨지만, 우리가 우리 자신을 복잡하게 만들어 버렸다는 것이다"(전 7:29)

세상 말로 고생을 사서 한다는 말이 있습니다. 주님은 복잡한 일을 간단하게 하시는데 사람은 간단한 일을 복잡하게 만듭니다. 3일을 가면 끝날 광야 길을 40년 걸려서 통과한 것처럼 말입니다. 또한 돌아온 탕자는 간단한 일을 복잡하게 하여 온가족을 고생케 합니다. 사람들은 바보짓을 한 번도 아니고 여러 번 반복합니다.

오늘 전도서에서 솔 교수님은 귀중한 진리를 깨닫습니다. 하나님이 우리를 만들 때에는 아주 단순하고 평범하게 만드셨는데 우리 스스로가 간단한 일을 복잡하게 만들고 있다는 것을 깨달으셨습니다. 문제의 원인은 나 자신입니다. 나 자신이 복잡하게 일을 만들어 놓고서 이웃, 가족, 주위 사람을 원망하고 탓하고 고생시키고 있지는 않은지요? 잘되면 내 탓, 안되면 조상 탓을 한다는 말이 있습니다. 모든 것은 나 자신으로부터 시작되었습니다. 나 자신 스스로가 문제를 만들고 복잡하게 얽히도록 만든 장본인이라는 것을 깨달아야 합니다.

자, 이제 먼저 정돈부터 합시다. 복잡한 것 간단하게! 주님처럼!

–단순하게 삽시다, 솔 제자 씀.

바른 경제관이 없으면 불행을 당한다

"나는 세상에서 한 가지 비참한 일을 보았다 아끼던 재산이 그 임자에게 오히려 해를 끼치는 경우가 있다"(전 5:13)

이 현실은 솔 교수님만 보신 것이 아니라 2011년 오늘도 마찬가지입니다. 재산돈은 누구에게나 꼭 필요하지요. 뭐니 뭐니 해도 머니Money이지요. 일용한 양식 또는 만나도 현대어로 말한다면 돈재산이지요. 누구도 이것을 무시하고 살 수는 없지요. 그런데 꼭 필요한 보약도 잘못 관리하면 사약, 독약이 되는 경우처럼, 돈도 잘못 사용하고 관리하면 오히려 그 돈이 임자를 괴롭히는 원인이 되는 것입니다.

오히려 그 재산돈 때문에 건강, 우정, 형제, 자매, 가족, 인간관계, 생명, 명예까지 망가지는 불행을 매일 주위에서 드라마가 아닌 실화로 봅니다. 유산을 많이 나누어 받은 자손들이 머리 터지게 싸우는 것도 이러한 경우입니다. 차라리 유산이 남아있지 않았다면 그 형제들의 우애는 결코 깨지지 않았을 것입니다. 그러한 유산으로 인하여 아까운 재물을 변호사에게 평생 다 갖다 바치는 가정들도 너무나 많이 보았습니다.

재산돈이 없으면 어렵고 힘들고 고통을 당하지만 재물돈에 대한 바른 경제관신앙관이 없어도 불행과 해를 당합니다.

악을 꾀하는 사람은 처음부터 실패를 계획한 것이다

"악을 꾀하는 사람은 길을 잘못 가는 것이나 선을 계획하는 사람은 인자와 진리를 얻는다"(잠 14:22)

"계획에 실패한 사람은 실패를 계획한 것이다."라는 말을 앞에서 소개하였습니다. 실제로 실패를 계획한 사람이 있어요. 이러한 사실을 솔 교수님은 다음과 같이 표현하였습니다. "악을 꾀하는 사람은 길을처음부터 잘못 가는 것이다."

동기중심가 잘못된 사람은 처음부터 청사진 설계도 자체가 잘못된 것입니다. 일을 하다가 중간쯤 잘못된 것이 아니고 아예 처음부터 잘못된 길을 간 것입니다.

그러나 동기중심가 선한 사람은 좋은 결과를 가져옵니다. 좋은 예로서 향유를 부은 여인을 생각해 보세요. 향유를 부은 여인은 예수님께 대한 감사로 300데나리온의 향유를 붓습니다. 그 여인은 동기가 선했기에 제자들도 알 수 없었던 주님의 장례를 준비하는 축복을 받았습니다.

주님께서 기뻐하시는 선을 계획하여 아예 근본부터 성공을 향해 나아갑시다. 주님은 잔꾀를 싫어하시고 충성과 성실을 좋아하십니다.

–충성하고 성실하려 노력하는 잠언 씀.

여러분의 코드와 맞는 말은?

"악을 행하는 사람은 사악한 말에 솔깃하고 거짓말을 하는 사람은 중상하는 말에 귀를 기울인다"(잠 17:4)

모든 사람들에게는 음식 기호가 있는데 병에 걸릴 사람들은 병 들을 음식을 좋아합니다. 건강하려면 건강한 음식 섭취가 중요한데 입에서는 죽은 음식만 당깁니다. 시장에 가도 인스턴트 음식만이 당기고, 입이 좋아하는 음식을 사가지고 옵니다. 그러나 건강한 사람은 건강한 음식이 눈에 들어옵니다. 각종 채소, 과일, 곡류 등 건강하게 해 주는 음식이 입에 당깁니다. 맛보다는 건강을 먼저 생각합니다.

악을 행하는 사람은 사악한 말에, 거짓말하는 사람은 중상하는 말에 즐거워합니다. 악한 사람은 더 악해질 수 있는 말에 흥미가 있고, 진실하고 성실한 사람은 더 진실하게 덕을 세울 수 있는 말에 귀를 기울입니다. 악한 사람들에게는 바른말, 진실한 말, 격려, 칭찬하는 말은 즐겁지 않습니다. 이브는 뱀의 말에, 가룟 유다는 제사장의 말에 즐거워하였습니다. 한마디로 기호좋아하는 것 코드가 서로 맞는 것입니다.

악은 악과, 마귀는 마귀와 코드가 맞아서 서로 좋아합니다. 악인은 의인을 싫어하고 의인은 악인을 싫어합니다, 당신은 무엇을 좋아합니까?

–선한 말을 좋아하는 솔 제자 씀.

모든 것이 다 유익한 것은 아니다

"모든 것이 다 허용된다고 사람들은 말하지만 모든 것이 다 유익한 것은 아닙니다 모든 것이 다 허용된다고 사람들은 말하지만 모든 것이 다 덕을 세우는 것은 아닙니다"(고전 10:23)

솔직함, 진실성, 정직도 유보해야 할 때가 있습니다. 예를 들어 어떤 일이 사실이라 할지라도 이 말을 전하게 될 때, 친구, 형제, 가족, 동료, 공동체가 큰 어려움에 처하게 될 것이 예상되면 전하지 않는 것이 지혜입니다. 왜냐하면 모든 것이 다 덕을 세우지는 않기 때문입니다. 남을 위하여 할 수 있지만 하지 않는 것, 말할 수 있으나 말하지 않는 것, 바울의 경우 먹을 수 있으나 먹지 않고 질문할 수 있으나 질문하지 않는 것이 덕이라고 말합니다, 바울의 사랑은 모든 것을 덮어주는 것이며 미리 방어, 보호하는 덕입니다.

그렇다고 이것이 거짓말, 죄, 범죄를 두둔하라는 의미는 아닙니다. 어떤 말을 하고, 행동을 하고, 먹을 때에도 이것이 유익한 열매를 맺는지, 덕을 세우는지 분별해야 한다는 뜻입니다. 그리고 마지막으로 이것이 하나님께 영광을 돌리는 것인지 생각해 보아야 합니다. 모든 것을 할 수 있는 자유가 있다고 하더라도 이 자유가 남에게 해를 주고, 고통을 주는 일에 사용되면 안 될 것입니다. 사도 바울은 언제나 덕을 세우는 데에 큰 배려를 하고 있습니다.

–덕을 세울 정도의 배려심을 갖기 원하는 솔 제자 씀.

세례 요한 같은 고백을!

"그는 내 뒤에 오시는 분이지만 나는 그분의 신발 끈을 풀 만한 자격도 없소" (요 1:27)

예수님이 칭찬한 세례 요한의 고백이지만 우리가 현실에서 실천하기에는 쉽지 않은 고백입니다. 세례 요한은 예수님보다 나이, 경력, 선교, 전도, 제자들의 숫자 면에서도 선배이며, 대중적 인기도에 있어서도 앞서 있었습니다. 그런데 세례 요한은 바리새파 사람들이 보낸 사람들에게 자신이 예수님의 신발 끈도 풀만한 자격이 없다고 겸손하게 고백하고 있습니다.

사람이 불리할 때는 양보할 수 있으나 자신이 유리할 때는 양보하기가 쉽지 않습니다. 자신이 잘 나갈 때에는 양보하는 것이 쉽지 않습니다. 사업이 잘 될 때에도 포기하기는 어렵습니다. 이런 좋은 기회가 매번 오는 것이 아니기 때문입니다. 만약 세례 요한이 이런 고백을 하지 않고 예수님과 경쟁하였다면 예수님의 목회는 초창기부터 지장을 받았을 것입니다. 아마 이 고백이 예수님을 감동시켰을 것입니다. 자신이 누구인지 알고 예수님이 누구인지 아는 분별력, 이것이 세례 요한의 능력이었습니다. 우리는 자기가 어디에 있어야 하는지 몰라서 가끔 인생의 귀한 기회들을 놓치곤 합니다.

– 세례 요한 같은 고백이 있기를! 잠언 씀.

그가 더 크게 되기를

"그는 흥하여야 하고 나는 쇠하여야 한다"(요 3:30)

갈등이란 무엇입니까? 의자는 하나인데 그 의자에 앉기 원하는 사람이 두 명 이상일 때는 자연히 갈등이 발생합니다. 사회, 친목단체, 신앙인 모임, 교회에서까지도 갈등이 있습니다. 한 두 사람이 모이면 벌써 갈등이 생깁니다. 서로 이해관계가 다르기 때문입니다.

예수님의 제자들 내부에서도 누가 더 큰가를 놓고 경쟁했습니다. 또는 그 부모들이 자기 자녀를 위해 인사 청탁한 사실이 공개되면서 갈등이 생겼습니다. 요한과 야고보의 어머니는 예수님에게 자신의 아들들이 더 좋은 자리에 앉게 해 달라고 치맛바람을 날리고 다녔습니다.

생존경쟁, 성공경쟁, 부흥경쟁, 취업경쟁, 입학경쟁, 오직 경쟁만 있는 세상살이. 그러나 이러한 경쟁에 비하여, 세례 요한은 "예수님께 많은 사람들이 모여듭니다."라는 제자들의 보고를 받게 됩니다. 그는 질투를 한다든지, 그에 대하여 험담을 한다든지, 부정적인 평을 하는 것이 아니라 겸손하게 그분이 흥하여야 한다고 말합니다. 이 대답은 사람의 입에서 나온 말이 아닐 것 같습니다. 그의 대답은 정말 신선한 충격입니다. 이것은 영원한 세계하나님 나라를 바라보지 않는 사람이라면 할 수 없는 대답입니다.

-멋진 세례 요한에게 반한 솔 제자 씀.

하나님을 공범으로 만들지 마세요

"베드로와 사도들이 대답하였다. 사람에게 복종하는 것보다 하나님께 복종하는 것이 마땅합니다"(행 5:29)

이 말씀은 당연한 것인데 실천하기는 쉽지 않군요. 기도할 때도 항상 주님이 내 편이 되길 원하지만 한번이라도 내가 하나님 편이었는지 생각해 본 적이 있는지요? 불의와 부정, 그리고 사기를 치면서도 주님이 이 일에 축복해 달라고 기도하면 주님을 공범으로 만드는 것이 아닐까요? 주님이 범죄하는 일에 축복하고 번성하게 한다면 주님도 불의한 하나님이 되시는 것이 아닐까요? 로스앤젤레스에서 술을 파는 가게 주인들의 70%가 교인, 장로들이었습니다. 술집을 개업할 때마다 목사님들이 가서 기도할 때, 축복할 수도 없고 안 할 수도 없는 경우들이 있었습니다. 그래서 담임목사님을 부르지 않고 지인 목사님을 불러 축복기도를 부탁하는 경우들도 있었습니다.

가끔 기도 부탁을 받을 때, 확실히 하나님이 싫어하시는 일인 줄 알면서도 기도를 해 줄 때가 있습니다. 이런 기도는 목사의 입장에서도 곤란한데 하물며 주님의 입장은 얼마나 난처할까 생각해 봅니다. 가끔 주님의 입장도 생각하고, 주님과 나와 입장을 바꾸어 놓고 생각해 봅시다.

–막무가내로 달라고 부르짖기만 하지 말고요. 솔 제자 씀.

회개와 후회의 차이점

"또 내가 누구에게서 강제로 빼앗은 것이 있으면 네 배로 하여 갚아 주겠습니다" (눅 19:8)

사람들은 회개와 후회를 비슷하게 여깁니다. 다만 반성하면 되는 것으로 생각합니다. 회개와 후회또는 반성의 차이점은 열매결과가 있느냐 없느냐에 있습니다. 회개는 회개의 합당한 열매결과가 있습니다. 많은 성도들이 자기가 잘못한 것에 대하여 후회는 하지만 회개를 하지 않는 경우들이 많습니다. 잠시 눈물만 흘리고 끝나는 경우도 많습니다.

삭개오는 회개를 하면서 죄의 대가를 기꺼이 치르겠다는 결단을 보여주었습니다. 착취한 것에 대하여 4배로 갚겠다고 하였는데 착취를 당했는지도 모르는 사람들에게 찾아가서 "내가 도둑놈입니다. 제가 이만큼을 부정하게 훔쳤습니다."라고 고백해야 하는 어려움이 있었습니다. 세금 문제이기에 본인들은 정작 모를 수도 있습니다.

눈물 흘리고 종이 휴지로 닦아내면 회개가 다 끝난 줄 알았는데 사실 회개는 삭개오처럼 열매가 있어야 진정한 회개입니다. 회개를 너무 쉽게 생각하지 마세요. 회개는 전적으로 돌아오는 것이며 다시는 그 죄 안으로 들어가지 않는 것입니다.

–회개의 중요성을 아는 솔 제자 씀.

과거 능력의 유효기간

"주 하나님 나를 기억하여 주시기를 간절히 바랍니다 하나님 이번 한 번만 힘을 주시기를 간절히 바랍니다"(삿 16:28)

오늘 성경 말씀은 머리털 깎인 삼손, 주님께서 이미 자신에게서 떠나신 것을 미처 깨닫지 못한 삼손이 절규하며 기도하는 모습입니다. 여기서 깨달아야 할 것은 주님이 함께 하실 때만 삼손이 능력의 종이라는 사실입니다. 영원한 능력의 종은 없습니다. 간혹 삼손처럼 과거의 경력, 능력, 역사를 믿고 자랑하며 착각하는 능력의 종들이 많습니다.

주님이 주시는 새 능력이 없으면 머리털 깎인 삼손입니다. 만나의 유효기간은 하루라는 사실을 알아야 합니다. 만나는 매일매일 우리가 새롭게 공급받아야 할 주님의 새 은혜를 의미합니다. 능력의 기름부음도 매일 매일 새롭게 받아야 합니다. 한번 받은 능력이 영원히 가는 법은 없습니다.

교회 지도자들이여! 과거의 경력, 능력을 자랑치 말고 혹시 내가 머리털 깎인 삼손이 아닌지 여러분들 머리털 좀 만져보세요. 여러분의 머리털은 안녕하신지요?

–깎일 머리털도 없었던 잠언 씀.

장자권을 컵라면 한 그릇에 팔다니

"에서가 먹고 마시고 일어나서 나갔다 에서는 이와 같이 맏아들의 권리를 가볍게 여겼다"(창 25:34)

하나님의 말씀과 경고를 가볍게 여겼다가 일생을 망친 사람이 성경에 여러 명 있습니다. 소돔이 무너질 것이라는 하나님 말씀을 비웃은 롯의 사위 같은 경우들입니다. 요즘도 똑같은 경우가 반복됩니다. 항상 내 주위에 있기에 아주 귀한 것을 가볍게 여깁니다.

맏아들의 권리는 특권이자 복입니다. 그러나 에서는 이 축복이 얼마나 큰 것인지 몰랐습니다. 그래서 복을 빼앗겼습니다. 하지만 엄밀히 말하면 에서가 복을 빼앗긴 것이 아니라 먼저 복을 하찮게 여기고 길거리에 버린 것입니다. 요즘으로 보자면 컵라면 한 그릇에 장자권을 팔아버린 것입니다. 너무나 배가 고파서 더 이상 어떤 것도 생각할 수 없었던 에서는 팥죽 한 그릇에 그 신령한 복을 날려버렸습니다.

목회, 설교, 찬양, 기도, 선교, 전도, 봉사, 심방, 각종 사역, 이 모든 것은 맏아들의 특권이며 복입니다. 이 복을 우습게 여기면 야곱, 곧 형제나 동료나 동역자에게 빼앗길 것입니다. 누구든지 귀하게 여기는 사람의 손으로 이 복이 넘어갈 것입니다. 이 복을 빼앗긴 후 아차! 하고 크게 후회하지 말고 깊이 생각합시다!

–잠언 씀.

진짜입니까?

"사탄도 빛의 천사로 가장합니다. 그렇다면 사탄의 일꾼들이 의의 일꾼으로 가장한다고 해서 조금도 놀랄 것이 없습니다 그들의 마지막은 그들이 행한 대로 될 것입니다"(고후 11:15)

짝퉁 때문에 정품이 웁니다. 악화가 양화를 몰아냅니다. 어느 때는 짝퉁이 정품보다도 더 멋있게 보일 때가 있습니다. 또한 구별이 안 될 정도입니다. 물건 살 때 세계 각국에 사는 사람들은 다 질문이 다르다고 합니다. 프랑스 사람은 "최신형입니까?" 독일 사람은 "튼튼한 것입니까?" 미국 사람은 "경제적입니까?" 한국 사람은 "진짜입니까?"

이렇게 한국 사람은 '진짜' 라는 말을 많이 사용합니다. 그래서 이름도 순 참기름, 진짜 꿀이라고 이름을 붙입니다. 으레 물건을 살 때에는 진짜라는 말을 물어보는데, 사실 어느 상인이 이것이 가짜라고 대답하겠습니까? 그럼에도 불구하고 한국 사람들은 꼭 물어보고 삽니다.

가짜가 너무 많아요. 제발, 식품만은 가짜가 없기를 바랍니다. 바울은 가짜 선지자거짓 사도에 놀랄 것이 없다고 말합니다. 마지막은 그들이 행한 대로, 심은 대로 그대로 나타날 것이기 때문입니다. 바울은 가짜와 진짜는 열매로 구별될 것이라는 믿음이 있었습니다. 가짜는 언젠가는 그 진위가 드러날 것입니다. 열매로 말입니다.

–가짜를 몰아내고 싶은 잠언 씀.

땅도 쉬어야 합니다

"내가 너희에게 주기로 한 그 땅으로 너희가 들어가면 나 주가 쉴 때에 땅도 쉬게 하여야 한다"(레 25:2)

'설마' 가 현실이 된 것이 지구촌 환경입니다. 인간의 욕심으로 인하여 자연이 학대받았고 이제는 자연이 인간에 대하여 보복하기를 시작하였습니다. 대접을 받고자 하는 대로 너희도 대접하라는 말씀이 실감이 됩니다. 자연은 인간이 자신에게 대접한 대로 이제 인간에게 되돌려주고 있습니다. 동물을 무참하게 잡아먹는 사람들에 맞춰, 보약정력제이 돈벌이가 된다고 하니 인간의 잔인성에 화가 날 정도입니다. 그러니 자연에 무엇이 남아나겠습니까?

지구의 생태계가 변하고 있습니다. 한국이 야자수 있는 열대 지방이 되며, 남태평양 어느 나라는 나라 전체가 바다가 된다나요? 소설이 아니라 현실입니다.

전쟁은 일부가 죽지만 환경이 죽으면 전체가 죽습니다. 주님은 주님이 쉬실 때에 땅도 쉬게 하여야 한다고 명령하셨습니다. 땅도 생명이기에 보호하고 쉬게 하여야 합니다. 그렇지 않으면 자연은 병들고 말 것이고, 그러한 자연은 인류의 종말을 가져오게 될 것입니다. 주님이 쉴 때에 땅도 쉬게 하세요. 여러분이 쉴 때에 땅도 쉬게 하세요.

–땅과 샬롬을 이루고 싶은 솔 제자 씀.

하나님이 하실 일과 내가 할 일

"사람들이 그 돌을 옮겨 놓았다"(요 11:41)

예수님은 기적을 행하실 때에 주님이 할 일과 인간이 할 일을 구분합니다. 예를 들어보면 혼인잔치 집에서도 항아리에 물을 채우는 일은 인간이 할 수 있는 일이요, 물이 포도주로 변하게 하는 일은 주님만이 할 수 있는 일입니다. 돌을 옮겨 놓는 일은 인간이 할 수 있는 일이며 죽은 나사로를 살리는 일은 주님만이 할 수 있는 일입니다. 하늘에서도 이루어진 것이 땅에서도 이루어지기 위해서는 우리가 부르짖어야 한다고 에스겔서에서 말씀하십니다. 하나님은 이렇게 우리와 동역하십니다.

그런데 문제를 일으키는 사람도 있습니다. 내가 할 수 있는 일도 준비하지 않고 몽땅 주님에게 떠맡기면서 "주여! 믿습니다!" 라고 한다면 주님이 얌체라고 생각하지 않으실까요?

내가 할 일과 주님이 하실 일을 구분합시다. 하늘은 스스로 돕는 자를 돕는 다는 우리의 격언도 같은 의미입니다. 자기가 할 수 있는 일을 열심히 할 때, 하늘의 도움도 오는 법입니다. 그러므로 제발 무대포로 나가지 말고 자기 할 일은 자기가 합시다. 좀 센스 있게 하자고요.

–아는 것은 많지 않아도 센스는 있는 잠언 씀.

가장 가까운 사람이 먼저 배반한다

"예수를 넘겨 줄 사람인 유다가 말하기를 '선생님, 나는 아니지요?' 하니 예수께서 그에게 '네가 말하였다' 하고 대답하셨다"(마 26:25)

예수님과 가까운 제자는 베드로, 야고보, 요한이라고 합니다만 제가 믿기로는 가장 개인적인 대화를 한 사람은 가룟 유다였다고 생각합니다. 다른 제자들과는 대개 영적인 대화를 하였다면 가룟 유다는 행정적, 재정적, 현실적, 일상 문제들을 대화해야 되는 관계였습니다. 베드로와는 변화산상에서 함께 하였지만 가룟 유다와는 시장 가는 문제로 대화를 해야 했습니다. 보리떡이 몇 개 필요한지, 현재 자금이 얼마나 있는지 지극히 인간적인 대화, 현실적인 대화를 했을 것입니다. 지금으로 말하면 회계, 재정부장, 혹은 총무비서관이었을 것 같습니다.

그러므로 예수님과 가장 가까이에서 개인적인 관계를 맺고 예수님을 가장 잘 알고 있는 제자가 바로 가룟 유다입니다. 가장 가까운 사람, 가장 많이 알고 있고, 가장 믿었던 사람이 먼저 나서서 배반합니다. 성경 역사에서만 아니라 인간역사에도 똑같은 일들이 반복됩니다. 현대는 능력 있는 종이 필요한 것이 아니라 충성되고 성실한 종이 필요합니다. 끝까지 주님과 함께할 충성된 종이 필요한 때입니다. 끝까지, 죽음의 순간까지 이를 때까지!

–충성된 종이 됩시다! 잠언 씀.

영혼을 죽이는 신학

"하나님은 죽은 사람의 하나님이 아니라 살아 있는 사람의 하나님이시다"(마 22:32)

음식에도 죽은 음식, 산 음식이 있다지요. 산 음식을 먹어야 건강해진다고 합니다. 오늘 말씀에서는 주님께서 직접 죽은 신앙죽은 신학, 산 신앙산 신학을 지적하고 계십니다. 죽이는 신앙이 있고 살리는 신앙살리는 신학이 있어요. 그렇지만 하나님은 죽은 사람의 하나님이 아니고 산 자의 하나님이세요. 산 자들에게만 역사하시는 하나님, 산 자들만 볼 수 있고, 만날 수 있는 하나님, 그 하나님이 함께 하면 모든 죽은 것들이 다시 살아납니다.

설교도 영혼을 죽이고 용기를 죽이는 설교가 있고 죽었던 영혼도 다시 일어나게 하는 설교가 있어요. 살아계신 하나님이 함께 하시면 설교도 산 설교가 될 것입니다. '신난다'는 말은 신神이 함께 하신다는 의미입니다. 즉 주님이 함께 하는 것은 신나는 것이고요, 성령이 함께임재하면 신나는 것이지요. 신난다는 것의 다른 말은 '생명이 있다. 살아 움직인다'라는 뜻입니다.

인생 신나게 살기 위해 살아있는 하나님을 만나십시오! 가정도 살고, 목회도 살고, 나도 살고 너도 살기 위해, 죽은 자의 하나님이 아니라 산 자의 하나님을 만나십시오!

–다시 일으키시는 주님을 믿는 솔 제자 씀.

경건을 돈으로 흥정하느냐?

"그대가 하나님의 선물을 돈으로 사려고 생각하였으니 그대는 그 돈과 함께 망할 것이요"(행 8:20)

현대에도 시몬과 같은 생각을 가진 사람이 많아요. 목회자는 고도의 목회기술Technique을 배워서 한순간에 목회 대박을 내려고 하고요, 일반 교우는 자신의 욕망 성취를 위해 주님을 동업자로 생각하고 있어요. 다들 주님을 이용하는 시대가 왔어요.

그래서 베드로가 시몬에게 경고합니다. "그대는 악의가 가득하며 불의에 얽매여 있소. 이 악한 생각을 회개하고 주님께 기도하시오. 그러지 않으면 그 돈과 함께 망할 것이오." 마술을 부려서 사마리아 지역에서 능력의 종으로 명성을 가진 시몬은 성령까지도 돈 주고 사서 더 큰 능력의 종이 되고자 하는 마음을 갖고 있었습니다. 아마 돈을 주고 손은 얹을 때마다 병 고치는 권능을 얻을 수 있다면 요즘도 목회자들이 줄을 설 것입니다.

혹시 내가 현대판 시몬은 아닌지요? 경건을, 능력을 돈을 주고 살 수 있다고 생각하십니까? 돈이면 다 가능하다고 생각하는지요? 베드로는 "나는 돈은 없지만 그리스도 이름의 능력은 갖고 있다."라고 선포합니다. 돈으로 경건을 사려고 하지 말고, 하나님의 선물을 무상으로 받으십시오. 그리고 손을 얹고 기도하십시오.

–주님을 의지하는 잠언 씀.

그리하면!

"그러면 그것들이 너를 장수하게 하며 해가 갈수록 더욱 평안을 누리게 할 것이다"(잠 3:2)

'그러면' 이라는 단어를 영어로 의역하면 'If you do this' 입니다. 잠언 3장에서 하나님은 축복을 주실 때마다 다섯 번씩이나 이 단어를 사용하십니다.

주님의 축복에는 3가지 조건이 있는데 첫째, 복에 대한 대가를 치러야 하며 둘째, 순종해야 하며 셋째, 행동의 실천이 있어야 한다는 것입니다. 이 조건을 다른 말로 표현한 것이 바로 '그러면' 입니다.

주님의 축복을 공짜, 횡재, 큰 행운 혹은 대박으로 생각하면 오해입니다. 예언도 가만히 있으면 저절로 이루어지는 것이 아니라 예언이 현실이 되도록 하기 위하여 거기에 따른 대가와 노력을 지불해야 합니다. 하나님이 하실 일이 있고, 내가 할 일이 있습니다. 하늘에서도 이루어진 것이 땅에서도 이루어지려면 내가 해야 할 일을 해야 합니다. 예언의 말씀을 받은 것이 곧 복권 당첨과 같은 것이 아닙니다. '그러면' 을 다섯 번씩이나 강조, 반복하면서 복을 말한 솔 교수님의 의도를 생각해 봅시다. '그러면' 이 축복이 이루어질 것입니다. 바로 이 말씀, 꼭 기억하세요.

-예언의 말씀을 성취하기 원하는 솔 제자 씀.

공수래공수거 空手來空手去

"우리는 아무 것도 세상에 가지고 오지 않았으므로 아무 것도 가지고 떠나갈 수 없습니다"(딤전 6:7)

이 말씀은 장례식을 집례할 때마다 확인되는 진리입니다. 확실한 진리인데도 더 가지지 못하여 야단들입니다. 좋은 예로써 리비아 이집트 독재자들의 재산의 규모를 볼 때 돈에 눌려서 죽게 될 정도인데 그렇게 돈, 돈, 하더니 결국 돈에 눌려 죽더라고요.

형제간에 대판 싸움하고 평생 안 보고 지내는 집들을 보면 부모가 많은 유산을 남기고 간 경우가 많더군요. 이런 집안은 설날이나 추석이 즐거운 만남의 날이 아니라 서로 피하고 싶은 괴로운 날이더군요. 재산을 유산으로 남겨 둔 것이 아니라 불화, 싸움을 유산으로 남겨둔 꼴이 된 것입니다.

우리는 빈손으로 와서 빈손으로 돌아가는 인생입니다. 어떤 것도 가지고 갈 수 없어요. 그러므로 모든 것 적당히 벌고, 적당히 먹고 삽시다. 안 그래요?

–부모가 아무 것도 안 남겨주셔서 형제우애가 돈독한 잠언 씀.

시키는 대로 해요, 그러면 대박!

"나아만은 하나님의 사람이 시킨 대로 요단강으로 가서 일곱 번 몸을 씻었다 그러자 그의 살결이 어린 아이의 살결처럼 새 살로 돌아와 깨끗하게 나았다"(왕하 5:14)

성경에는 시킨 대로 해서 대박을 친 사람들이 많이 있습니다. 첫 번째 경우, 군사령관이며 존경받는 사람이었던 나아만이 시킨 대로 해서 병이 나았습니다. 처음에 엘리사가 요단강에 7번 들어갔다 나오라고 하자, 자존심 때문에 화가 났지만 부하가 "깨끗해진다는데 그것쯤 못할 까닭이 어디에 있습니까?"라고 권하는 말에 억지로 시킨 대로 합니다. 사실 부하의 말이 맞아요. 병이 낫는다는데 시키는 대로 왜 못합니까?

괜한 경력, 지위, 체면, 자존심, 고집, 학력, 교만 때문에 손해 보지 맙시다. 시킨 대로 하세요. 수지맞아요.

두 번째, 예수의 어머니도 가나의 결혼잔치에서 "무엇이든지 그가 시키는 대로 하세요."요 2:5라고 일꾼에게 말했어요. 그러자 하인들은 순종했고, 물이 포도주로 변하는 기적을 체험하게 되었습니다.

무조건 주님이 시킨 대로 하세요. 물이 포도주로 변하고 한센병이 나았잖아요. 시키는 대로 합시다. 그러면 대박나요!

불도저 앞에서 삽질하지 마세요

"주님께서는 못하시는 일이 없으시다는 것을 이제 저는 알았습니다 잘 알지도 못하면서 감히 주님의 뜻을 흐려 놓으려 한 자가 바로 저입니다 깨닫지도 못하면서 함부로 말을 하였습니다 제가 알기에는 너무나 신기한 일들이었습니다"(욥 42:3)

알지도 못하면서 함부로 주님에 대하여 말했던 것과, 너무나 놀랍고 신비로운 주님이 하신 일에 대하여 왈가왈부 평가했던 일을 욥이 회개하고 있습니다.

잠언에서 "침묵하면 오히려 지혜롭게 보인다."라고 말합니다. 침묵하면 B학점 맞는데 입을 열어서 말하는 바람에 F학점 맞아 낙제한다는 말이 있어요.

괜히 아는 체 했다가 제2의 욥이 되지 말고, 불도저 앞에서 삽질하는 경우가 되지 마세요. 이해 안 되면 찬양과 감사를 올려드리세요. 모르면 침묵하는 것이 지혜예요. 바로 침묵할 때가 언제인지 알고 조용히 앉아있는 사람, 그 사람이 지혜자이지요!

–침묵하여 지혜롭다고 말을 듣는 솔 제자 씀.

이제 눈치목회에서 손을 떼세요

"마태라는 사람이 세관에 앉아 있는 것을 보시고 나를 따라오너라 하시니 그는 일어나서 예수를 따라갔다"(마 9:9)

지도력이란 '나를 따라오너라' 입니다. 자신감, 당당함, 확신입니다. 예수님의 지도력도 곧 "따라오라."는 것입니다. 예수님을 잡으러 사람들이 시시각각으로 가까이 오고 있을 때에도 "일어나서 함께 가자."라고 외치신 주님입니다.

목자는 항상 양떼들 맨 앞에서 "나를 따라오너라." 명령하고 나아갑니다. 그리고 앞에서 희생합니다. 양들에게 위험한 일이 앞에 놓인 것이 없는지 지팡이와 막대기를 들고 항상 긴장하며 양들을 지킵니다. 좋은 풀을 먹이기 위하여 독초를 뽑아냅니다. 그런 지도력이 필요할 때입니다. 하지만 요즈음 목자가 양떼를 뒤쫓아 따라가느라고 지쳐 있습니다. 결국 양떼들에게 목자가 무시당하고 버림받는, 물 묻은 낙엽 족이 됩니다. 눈치목회, 아부목회, 비위 맞추기 목회, 장사Sale목회, 이벤트 목회를 하기 때문입니다.

빌라도 앞에 선 주님의 당당함, 사람 없는 광야에서 홀로 외치는 세례 요한의 자신감, 대제사장 앞에서도 성전을 청소하는 주님의 대담함, 죄 지은 여인을 안아주시는 주님의 큰 가슴, 이것이 기름부음의 목회가 아닐까요? 눈치목회는 이제 손을 떼세요. 그리고 강력한 기름부음으로 들어오세요.

–기름부으심을 믿는 솔 제자 씀.

하나님은 믿는데 기적은 못 믿는다?

"하나님을 믿어라"(막 11:22)

주님께서 하루 전에 저주하신 무화과나무가 말라 버린 것을 보고 베드로가 예수님에게 무화과나무가 말랐다고 보고한 것에 대하여 주님이 제자들에게 하신 말씀입니다. 추가로 주님은 "마음에 의심하지 않고 말한 대로 될 것을 믿으면 그대로 이루어질 것이다."막 11:23라고 말씀하십니다.

현실적으로 하나님을 믿을 때보다 못 믿을 때와 안 믿을 때가 더 많거든요. 하나님의 존재는 믿는데 오늘 여기서 역사하시는 주님의 역사는 못 믿는 신앙적 모순이 있어요. 과거와 미래, 어제와 내일의 하나님은 믿는데 오늘의 하나님의 역사는 안 믿어요. 이것이 우리의 신앙, 신학의 자기모순입니다.

"하나님을 믿어라."라는 말씀의 뜻은 '오늘의 하나님의 역사를 믿어라' 라는 주님의 안타까운 심정이 아닐까요? "하나님을 믿어라." 라는 것은 "기적을 믿어라. 치유를 믿어라. 부요해지는 것을 믿어라. 하나님의 살아계심을 믿어라."라는 뜻이 아닐까요? "하나님을 믿어라"라는 뜻은 성경의 말씀을 믿으라는 뜻이 아닐까요? 성경의 하나님은 믿는데 실제로 현재 역사하는 하나님은 안 믿어진다는 신앙은 어떤 것일까요?

–하나님의 역사를 믿는 솔 제자 씀.

문제아보다 문제 부모가 더 많다

"여러분의 자녀를 노엽게 하지 말고"(엡 6:4)

자녀의 문제들이 어디에서 나올까요? 이것은 자녀가 문제가 아니라 부모의 문제라고 보아야 합니다. 문제 있는 자녀의 뒤에는 언제나 문제 부모가 있기 때문입니다. 그래서 자녀에게 교육이 필요한 것보다 부모들의 교육이 먼저 더 필요합니다. 그래서 자녀들의 문제가 있다고 기도와 상담을 받으러 올 때, 먼저 살펴보아야 하는 것이 '부모가 어떤 사람인가' 입니다.

또한 부모를 화나게 만드는 자녀들보다 자녀를 화나게 하는 부모가 더 많고요. 자녀를 이해하지 못하고 자기 뜻대로 자녀가 따라와 주기를 바라는데, 자녀들의 마음에 분노가 쌓이고 노여움이 생기는 것입니다. 저의 자녀들 같은 경우에는 부모가 믿어주지 않을 때, 가장 노여워하는 것 같습니다.

또한 자녀를 인격으로 대하는 것이 아니라 자신의 욕망 성취의 대상으로 생각하는 데 문제가 있습니다. 자신이 이루지 못한 소망을 자녀를 통해서 이루려고 하면서 자녀가 진정으로 원하는 것이 무엇인지 모르는 부모들, 그래서 바울도 부모에게 한마디 한 것 같아요.

자녀는 양육하는 것이지 돼지처럼 사육하는 것은 아니잖아요?

–자녀를 인격적으로 대하고픈 잠언 씀.

주님은 치유를 원하십니다

"주님 하고자 하시면 나를 깨끗하게 해주실 수 있습니다"(마 8:2)

이것은 한센병 환자의 외침입니다. 주님은 원하신다고 말씀하시고 한센병 환자를 고쳐주십니다. 하나님은 치유를 원하시는 분이십니다. 그분의 이름은 '치유의 하나님' 이십니다. 하나님은 우리가 건강하기를 원하고 치유받기를 원하십니다.

저는 많은 치유의 간증을 들으면서도 남의 사건이므로 부정은 하지 않지만 구경하는 입장에 서 있었습니다. 제가 3년 전 장암 수술을 받고 가장 부러운 사람이 건강한 사람이더군요. 병원 밖 땡볕에서 잔디를 깎고 있는 정원사가 그렇게 부럽더라고요.

마음이 정말 가난해질 때는 불치병 진단을 받을 때이더군요. 그래서 백부장, 회당장도 청년 예수님 앞에 무릎을 꿇었던 같습니다. 이번에 저는 병원 촬영 결과 신장 양쪽 모두 '암일 가능성이 있는 혹' 이 있었습니다. 그래서 믿음으로 혹에 손을 얹고 기도를 열심히 한 후에, 의사 지시에 다시 CT 스캔 촬영을 하였더니 그 혹이 감쪽같이 사라져 버리는 체험을 하였습니다. 창조적 치유가 일어나서 저의 주치의사도 놀랐습니다. 주님께 영광!

—기적을 일으키시는 주님께 감사하며 잠언 씀.

순박한 믿음이 역사한다

"우리가 하나님께 끊임없이 감사하는 것은 여러분이 우리에게서 하나님의 말씀을 받을 때에 사람의 말로 받아들이지 않고 실제 그대로 하나님의 말씀으로 받아들였기 때문입니다 이 하나님의 말씀은 또한 신도 여러분 가운데서 살아 움직이고 있습니다"(살전 2:13)

바울의 감사는 신도에게 주님의 말씀을 선포할 때, 신도들이 주님의 말씀으로 듣고 받아들인 덕분에 나타난 것입니다. 매우 중요한 바울의 지적인데 현대인들은 성경을 주님의 말씀으로 듣지 않고 문학, 철학, 신화, 전설 등으로 해석해 버립니다. 또한 이성주의, 합리주의가 범람하는 현대에서는 성경도 비평의 대상으로 삼기도 합니다. 그래서 믿어지지 않는 것은 하나님의 말씀으로 받아들이지 않고 머릿속에서 삭제해 버립니다.

이러한 태도는 다원주의 세계 속에서 우리들에게 쉽게 다가오는 유혹입니다. 하나님을 하나님으로 믿고, 말씀을 말씀으로 받아들이고 창조주 하나님을 창조주로 고백합시다. 어린아이처럼 믿는 믿음, 순박한 믿음이 역사합니다!

–순박한 믿음 지킴이 잠언 씀.

살아있다는 것이 기적이다

"주님의 찬란하고 영광스러운 위엄과 주님의 놀라운 기적을 내가 가슴 깊이 새기렵니다"(시 145:5)

살아 있다는 사실 자체가 당연한 것이 아니라 기적입니다. 강한 철로 만든 차도 20년 이상 쓰면 거의 폐차 혹은 수리해야 하는데, 40-60년 된 몸을 가지고 사람들이 현재 거리를 활보하고 다니면 이것이 곧 기적 아닙니까? 우리는 평범한 것에서도 많은 기적을 발견할 수가 있습니다.

만나가 내리는 것[출 16:31]도 처음에는 이스라엘 백성이 기적이라고 놀랐지만 얼마 후에는 당연한 것으로 여겼을 것입니다.

사랑이 지속되면 무감각해지며, 은혜도 계속되면 당연히 생각하고 무감각해지며, 축복도 자주 받으면 당연한 것으로 여기며, 자유도 너무 크면 철없이 방종합니다.

오늘 하루 이렇게 숨 쉬고 길거리를 활보하고 다니는 것이 주님의 기적 안에 살고 있다는 것임을 기억합시다. 기적 중의 기적은 오늘 이렇게 살아 숨쉬고 있다는 사실입니다. 시편 기자는 이러한 기적을 마음 속 깊이 새긴다고 고백합니다. 여러분들 마음에도 이 기적이 깊이 새겨지기를!

-기적에 감사하는 잠언 씀.

기뻐하는 존재가 되라

"항상 기뻐하십시오"(살전 5:16)

잘사는 나라에 꼽힌다는 한국이 다른 나라와 비교하여 자살률이 높다고 합니다. 자살의 원인 중 하나가 의학적으로는 우울증입니다. 세균 혹은 바이러스에 인한 병이 아닌데도 죽음에 이르는 병이 우울증입니다.

바울은 "항상 기뻐하라, 쉬지 말고 기도하라, 범사에 감사하라"고 하시면서 우리가 먼저 기쁨의 사람, 기도의 사람, 감사의 사람이 되어야 한다고 강조합니다. 사람 자체가 이런 사람이 되어야 한다는 것입니다. 환경이 바뀐다고 해도 사람이 변화되지 않으면 아무 소용이 없다는 말씀입니다.

바울의 관심은 새 사람, 새 존재new being(고후 5:17)였습니다. 국민소득은 과거에 비하여 확실히 높아졌는데 자살률도 덩달아 높아졌습니다. 이상하게도 국민 소득이 낮고 가난한 나라들이 더 행복수치가 높다고 하네요. 그러니 행복수치는 경제수치와 비례하는 것이 아닌 것 같습니다. 이제 우리 자신들이 기쁨의 사람, 기도의 사람, 감사의 사람으로 변화합시다. 잘 안 된다고요? 그래도 노력 좀 하자고요!

–행복한 솔 제자 씀.

생명사역에 트집 잡지 마세요

"그 일로 유대 사람들은 예수께서 안식일에 그러한 일을 하신다고 해서 그를 박해하였다"(요 5:16)

제사장, 율법학자, 바리새인들은 그 당시 율법의 전문가들이며 항상 율법대로 살아가는 것을 강조했습니다. 안식일 법을 만들었고, 율법을 지키는 데에 열심이었습니다. 하지만 어떤 능력이나 생명, 변화는 일어나지 않았습니다. 그런 그들에게 생명사역하는 예수님이 눈에 거슬린 겁니다. 그래서 바리새인들은 어떻게 해서든지 예수님을 트집 잡고 흠집낼 것이 없는지 혈안이 되어 찾아다닙니다.

아마도 그들은 생명사역[치유사역]하시는 예수님께 대한 모종의 열등감과 시기심이 있었던 것 같습니다. 오늘날로 말하면 신학[Theology]만 외치고 힘없이 강단에서 내려오는 자신들과 비교하여 예수님에게 나타나는 기적이 못마땅하였던 것입니다.

그래서 예수님을 박해합니다. 이유는 두 가지였는데 첫 번째는 그렇게 기적을 행하는 주님을 무시할 수가 없었고 두 번째는 자신들은 그런 능력이 나타나지 않으므로 주님을 박해하는 길밖에 없었습니다. 생명 구하고 박해 당하신 예수님, 오늘날도 같은 상황이 반복됩니다. 안 그래요? 괜히 생명사역에 시비와 트집 잡지 말고, 여러분도 생명사역에 마음을 드리십시오. 그러지 않으면 괜한 시간 낭비만 합니다.

–생명사역에 마음을 드리기 원하는 잠언 씀.

여러분의 눈은 보입니까?

"그 눈먼 사람이 가서 씻고 눈이 밝아져서 돌아갔다"(요 9:7)

2010년 8월 18일에 저는 오른쪽 눈의 백내장 수술을 받았습니다. 한 달 후에 왼쪽 눈도 백내장 수술을 했습니다. 수술 후 처음으로 보는 세상은 놀라웠습니다. 세상이 입체감이 있고 전등, TV, 컴퓨터 글자 등이 환하게 보이고 내 머리가 이미 흰머리가 된 것, 내 얼굴이 늙은 상태라는 것도 처음 제대로 본 것입니다. 세상이 이렇게 환한 것이라는 것을 몰랐습니다. 이전에는 모든 것이 뿌옇게 보였던 것입니다.

이와 마찬가지로 영적인 세계, 하나님의 나라도 분명히 존재하는데 내 영적인 눈이 가려져 있기에 보이지 않는 것입니다. 큰소리를 쳐도 귀머거리에게는 안 들리는 것처럼 말입니다.

새 눈을 주신 주님께 감사와 찬양, 영광을 올려드립니다. 이제 앞으로 저는 새 하늘과 새 땅을 보는 감격을 가지고 영적인 맹인을 향하여 눈을 밝혀주시는 주님을 소개하고자 합니다.

–할렐루야! 솔 제자 씀.

진짜 예수님의 목회는 어떤 것?

"예수께서 열 두 제자를 부르셔서 더러운 귀신을 제어하는 권능을 주시고 그들이 더러운 귀신을 쫓아내고 온갖 질병과 온갖 허약함을 고치게 하셨다"(마 10:1)

이 말씀은 주님의 치유목회인 것과 동시에 열 두 제자의 교육 내용입니다. 오늘날 당연히 해야 하는 목회가 이상한 방향으로 흘러가고 있어서 진짜 목회가 가짜 목회로 대우받고 있습니다. 짝퉁이 대부분이다 보니 가짜가 진짜를 무시하며 박해하고 있습니다.

주님의 목회는 말씀, 치유, 축사, 교육, 훈련으로 이루어져 있었습니다. 그분은 말씀으로 귀신을 쫓아내시고 병자를 고치셨습니다.

항상 말씀 중심이어야 한다고 강조하면서 도대체 무엇이 말씀 중심인지 한 번쯤 우리 자신에게 질문해 봅시다. 진짜 말씀 목회를 하려면 주님이 하신 목회를 계속해야 하는 것이 아닐까요? 정말 능력 있는 말씀으로 치유하고 귀신들과 대결하고 내쫓는 것이 말씀 목회가 아닐까요? 도덕적인 설교를 하는 것이 말씀이 아니잖아요? 말씀이 능력이 되어, 현장에서 나타나야 하지 않을까요? 하나님 나라가 이루어지는 말씀의 사건들이 일어날 때, 우리는 그것을 말씀 목회라고 말합니다.

–말씀 목회를 사모하는 잠언 씀.

영원히 변치 않는 진리는?

"그러면 너희는 나를 누구라고 하느냐?"(마 16:15)

같은 것을 보고도 사람마다 생각이 다른 것처럼 신앙고백도 각양각색이더군요. 군대처럼 한 복장으로 통일시킬 수는 없지요. 사람들이 저마다 주님을 자신의 경험과 생각에 의하여 다르게 판단한 것처럼 말입니다. 그들의 판단이 다 틀린 것도 아니고 그렇다고 다 맞는 것도 아닌데, 문제는 서로 한 부분만 보고 주님을 판단했다는 점입니다.

그래도 베드로는 성령님의 도움으로 예수님이 바라는 가장 정확한 대답을 하였습니다. 주님이 그리스도이시고, 살아 계신 하나님의 아들이심을 고백합니다.

신학 사조도 유행처럼 한 계절을 유행하다가 사라지는 때가 있더라고요. 저희가 공부할 때에는 칼 바르트와 불트만이 유명했지요. 그러나 지금은 그분에 대하여 아는 신학생들이 많지 않아요. 그래도 시대를 타지 않고 영원한 것, 두 가지 진리가 있는데 그 첫 번째 진리는 '주님은 그리스도이십니다' 마 16:16라는 것과, 두 번째 진리는 '으뜸은 사랑입니다' 고전 13:13가 아닐까 생각합니다. 진리는 영원합니다.

욕심의 수위水位 조절을 합시다

"주님, 이제 내가 교만한 마음을 버렸습니다 오만한 길에서 돌아섰습니다 너무 큰 것을 가지려고 나서지 않으며 분에 넘치는 놀라운 일을 이루려고도 하지 않습니다"(시 131:1)

비전과 욕심이 분별이 안 되어 자신이 자신에게 속고, 자신에게 사기당합니다. 자신의 욕심을 주님의 뜻이라고, 주님이 주신 비전이라고 우겨댑니다. 그래서 죽기까지 충성하고 일을 합니다. 그 일이 하나님이 주신 일이라고 생각하고 일의 중독, 일의 노예가 되어 있습니다. 자신을 힘들게 하는 것은 다른 사람들이 아니라 바로 자신입니다. 욕심이 비전인 줄 알고 속고 있는 자신이 자기를 속이고 있습니다.

시편기자는 겸손하게 첫째, 너무 큰 것을 가지려고 나서지 않으며 둘째, 분에 넘치는 놀라운 일을 이루려고 하지 않겠다고 고백합니다. 아! 능력의 종들이라고 생각하는 사람들이 꼭 고백해야 할 말씀입니다.

충분히 천국에서 살 수 있는 사람이 큰 것, 놀라운 일만 찾다가 짧은 인생을 지옥에서 사는 사람들도 있더군요. 큰 일 하려다가 큰 일이 일어나며. 놀라운 일만 찾다가 정말 놀라운 일을 당합니다. 한 달란트도 아주 큰 것입니다. 욕심의 댐의 수위조절을 하지 않으면 큰 홍수가 나서 주위가 다 피해를 봅니다.

–욕심의 수위 조절하기를 원하는 잠언 씀.

기쁨과 감사는 보약 중의 보약

"항상 기뻐하십시오 모든 일에 감사하십시오"(살전 5:16,17)

쉽고도 지당한 말씀이며 당연한 말씀인데, 솔직히 실천하기는 어렵더군요. 저만 그러나요? 그런데 누구를 위해서가 아니라 나 자신의 건강을 위해서라도 기뻐하고, 감사해야겠더라고요. 비싼 돈 주고 아무리 좋은 보약을 먹어도 자신에게 기쁨과 감사가 없으면 효과도 없더라고요. 기쁨이 양약이 된다고 잠언에서는 누누이 강조하고 있습니다. 슬픔은 뼈를 썩게 하고요.

원한, 불만, 원망, 미움, 시기, 질투, 복수, 술 취함, 방탕함, 원수 맺는 것, 당 짓는 것[갈 5:16-21], 이 모든 육체의 열매가 육체의 병까지 가져오는 원인입니다.

억지로라도 나를 위해서 기쁘고, 감사가 있는 생활을 해야 됩니다. 또한 누구를 위해서가 아니라 나를 위해서라도 염려와 근심에서 출애굽하여야 될 것 같습니다. 기쁨과 감사는 보약 중에 보약입니다.

–감사절을 앞두고 잠언 씀.

막아주시는 것도 복이다

"주님 내가 주님께로 피합니다 보호하여 주시고 수치를 당하는 일이 없게 해 주십시오"(시 71:1)

복이란 보호protection입니다. 위험, 사고, 파산, 암, 질병, 유행병, 불치, 난치, 불구, 환난, 위기, 실패, 마약중독, 유혹, 죽음, 가난 등등 이 모든 것들로부터 막아 주시는 것, 보호가 곧 복입니다.

유월절Passover의 의미는 재앙이 넘어간다, 지나간다, 즉 재앙을 막아주신다는 의미지요. 주님께서 막아주시지 않으면 밤새껏 한 수고가 세상 말로 말짱 헛것입니다. 주님께서 보호, 막아 주셔서 수치, 또 다른 의미로 실패를 당하지 않는 것입니다. 대부분 하나님이 무엇을 더하여 주시는 것이 복이라고 말하지만 막아주시는 것도 복입니다. 수입이 있는 것도 복이지만, 수입이 뒷문으로 술술 나가지 않도록 막아주시는 것도 복입니다. 주님의 보호가 없다면 뒷문이 활짝 열려서 술술 빠져 나가버리고 말 것입니다.

피한다는 뜻은 주님께로 돌아온다는 뜻인데, 곧 주님의 말씀에 전적으로 순종하고 그분의 뜻을 따라간다는 뜻입니다. 세상에 똑똑한 바보가 많잖아요? 귀 있는 자는 들으세요.

–순종합시다! 잠언 씀.

인격적 장애자환자를 분별하는 길

"선생님 율법 가운데 어느 계명이 중요합니까?"(마 22:38)

율법 가운데 어떤 계명이 가장 중요합니까? 주님은 아래와 같이 대답하셨습니다. 첫째, 하나님 사랑. 둘째, 이웃사랑.

장애인들을 분류해 보자면 신체적 장애인, 정신적 장애인, 영적 장애인이 있는데 가장 큰 장애인은 인격적, 영적 장애인입니다. 자기 자신밖에 모르는 사람이 바로 인격적. 영적 장애인입니다. 주님도 이웃도 모르고 오직 자신의 이익만 아는 사람은 겉은 멀쩡한데 실제는 장애인입니다. 사귀어 보면 금방 정신적 장애인인 것을 알게 됩니다.

주님을 사랑하고 이웃을 사랑하는 것은 율법의 첫 번째, 두 번째 계명입니다. 하지만 이 계명의 더 큰 의미는 우리들이 정상건강인가, 비정상장애인, 환자인가를 판단하는 기준이 됩니다. 인격적, 영적 장애인을 만나면 그와 관계 맺고 있는 모두가 피해, 고통을 당합니다.

하나님 사랑과 이웃 사랑은 우리들이 정상인인지 아닌지를 분별할 수 있는 저울입니다. 이 계명은 우리가 건강한 사람인지 환자인지를 달아 볼 수 있는 저울입니다.

–장애인이 되지 맙시다. 솔 제자 씀.

설마가 현실로

"민족과 민족이 나라와 나라가 지진과 기근이 곳곳에서 들 것이다 이런 일들이 진통의 시작이다"(막 13:8)

설마가 현실로 나타났습니다. 올해 3개월 안에 큰 지진이 네 개나 났고, 민주화 바람이 유행병처럼 각 나라에서 일어나며, 지구의 온난화로 남 · 북극의 얼음이 녹는 것이 현실이 되었습니다. 주님의 말씀처럼 진통의 시작입니다. 그런데 아직도 우리는 '설마?' 입니다.

노아홍수, 소돔 성 멸망 때에도 설마설마 하면서 사람들은 계속 먹고 마시고 놀았습니다. 교회와 교단, 그리고 교단의 지도자까지도 세상 끝날의 징조에 대해서 관심도 없고, 교권 싸움만 벌이고 있습니다. 그리고 진지하게 이것에 대하여 말하는 예언자는 미친 사람 취급하며 무시하고 박해합니다. 세상 말로 설마가 사람 잡을 때가 오고 있습니다. 벌써 진통은 시작되었고 우리가 피부로 느끼고 있는데 말입니다.

정작 이것을 알고 우왕좌왕하는 성도들을 이끌어갈 지도자들이 교권싸움에 우왕좌왕하고 있습니다. 천국에 목사가 오면 그렇게 반가워한다고 하는 말이 실제가 될 것 같네요. 하도 목사가 천국에 오지 않아서 어쩌다 오면 그렇게 반긴다고 합니다. 깨어 기도하는 지도자들이 곳곳에서 일어나기를 기도합니다.

–목사들이 천국 많이 가기를 바라는 잠언 씀.

여러분의 인생의 지대는 안녕합니까?

"비가 내리고 홍수가 나고 바람이 불어서 그 집에 들이치니 무너졌다 그리고 그 무너짐이 엄청났다"(마 7:27)

이것이 예수님 설교의 결론입니다. 얼마 전 일본에 갑자기 해일이 일어나서 온 나라가 고통 가운데 들어갔습니다. 그러나 일본의 지진보다 더 큰 문제는 핵발전소의 사고입니다. 지진은 한 나라의 피해로 국한되지만 핵발전소의 사고는 지구촌 전체에 영향을 미치고 우리의 후손에게까지 피해를 줍니다.

전기를 값싸게 사용하기 위하여 만든 것이 핵발전소인데 이것도 따지고 보면 인간의 지나친 탐욕의 산물입니다. 지진, 해일[Tsunami; 쓰나미]이 자주 나는 것은 아니지만 한번 나면 100년간의 건설이 물거품이 되어버립니다.

우리의 인생의 기초는 어떠합니까? 갑자기 들이닥치는 해일에도 안전한지요? 그 기초가 든든한지요? 모래 위에 세운 집 같이 맥없이 무너질 인생의 집을 짓고 있는 것은 아닌지요? 이제 주님의 말씀을 듣고 그대로 행하는 사람이 됩시다. 그러한 사람들, 말씀을 듣고 기초를 든든히 세우는 사람은 비바람이 와도 안전하고 그 집은 무너지지 않을 것입니다. 잔꾀 부리지 맙시다. 머리만 아파요. 듣고 순종해요. 이것이 복입니다.

원하는 대로 내버려두는 것이 심판이다

"사람들이 하나님을 인정하기를 싫어하므로 하나님께서는 사람들을 타락한 마음자리에 내버려 두셔서"(롬 1:28)

내버려 두었다는 것은 포기했다는 뜻인데 바울은 로마서 1장에서 이 말을 세 번 언급합니다.

1. 마음의 욕정대로 더러움에 내버려 두시니[24절]
2. 부끄러운 정욕에 내버려 두사[26절]
3. 사람들을 타락한 마음자리에 내버려 두사[28절]

원하는 대로 하도록 내버려 두는 것, 이것이 심판입니다. 마음의 욕정, 정욕, 타락한 마음대로 그대로 살게 만드는 것입니다. 곧 주포 주님이 포기한 사람이지요. 사람이 원하는 대로 하도록 내버려 두는 것, 결국 인간이 재앙 인재을 가져오더군요. 일본의 원전사고도 초기에 조처할 수 있었는데 탐욕이 더 큰 재앙을 가져왔습니다.

어린이들도 내버려 두고, 원하는 대로 하게 하는 것이 그 아이가 망하게 하는 길입니다. 하나님은 우리를 포기하지 않고 사랑하고 구원을 주시기를 원합니다. 그러나 그것을 못 깨달으면 하포 하나님이 포기한 사람가 되고, 내버려 두는 재앙에 들어가게 됩니다. 그것이 저주입니다.

–주님, 우리를 내버려두지 마세요. 잠언 씀.

미완성이 완성이다

"내가 하는 일을 주께 맡기면 계획하는 일이 이루어질 것이다"(잠16:3)

주님께서는 "다 이루었다."라고 말씀하셨지만 제자들이나 세상적인 눈으로 보면 이해가 되지 않는 말씀입니다. 다 이루신 것이 아니라 하다가 실패한 것처럼 보이고 무엇인가를 하다 만 것같이 보입니다. 하지만 성경 안의 인물들, 아브라함, 모세, 여호수아, 다윗, 솔로몬 등 모두 미완성으로 인생을 마감합니다. 특히 모세 같은 경우는 가나안 땅을 바라만 보면서 사랑하는 동족을 광야에 그대로 둔 채로 눈을 감습니다.

이렇게 주님의 역사의 드라마는 계속해서 'to be continued' 다음 이 시간에이고 미완성인 것입니다. 그런데 사람들은 그것을 내가 완성하려고 하고자 하는 욕심으로 인생 전체를 망가뜨려 버립니다. 명예, 권력, 재물, 명성, 업적 등등 이러한 것을 다 이루려는 욕심으로 한순간에 인생이 무너져 내려 버립니다.

예수님도 나머지 선교와 목회를 제자들에게 맡기고 승천하신 것같이 인생은 어차피 미완성이 될 것입니다. 내가 다 이루겠다는 욕심으로 탈진하지 맙시다. 미완성이 곧 완성입니다. '다음 이 시간에' 라는 말로 인하여 다음이 더 기다려지지 않습니까? 내가 못하면 다른 이들이 그 일을 이어갈 것입니다. 미완성으로 기뻐할 수 있는 사람들, 이 사람들이 지혜자입니다.

오랜 친구로 남고자 하면

"재산이 적어도 주님을 경외하는 사는 것이 재산이 많아서 다투며 사는 것보다 낫다"(잠 15:16)

보이지는 않지만 여러 형태의 인간관계가 있는데 종속관계, 노예관계, 채권자와 채무자 관계, 주인과 종업원 관계 등입니다. 이런 관계는 가까이 하기에 너무 먼 당신이더라고요. 이런 관계는 오래 가지 못하고 결국에는 야곱, 에서의 관계로 결론을 맺고 맙니다.

솔 교수님은 수많은 지혜 중에 매정하지만 보증서지co_sign 말고, 꾸어주기보다는 거저 주고, 높은 이자를 받지 말라고 충고하십니다. 오랜 친구로 우정을 나누고자 하면 되도록 이해관계는 피하라는 이유가 여기 있는 것 같습니다.

어떤 사람들은 인간관계를 더 깊게 가지고 싶어서 쉽게 이해관계돈 관계를 맺게 됩니다. 이해관계가 없으면 좀 심심하고 지루하거든요. 그러나 좀 심심한 관계일지라도, 이해관계가 없을 때 오래 유지되더라고요. 이해관계 속에서 얼마 안 가서 인간관계의 갈등이 오기 시작합니다.

오래 친구관계를 유지하고 싶으면, 오래 친분관계를 유지하고 싶으면 단지 사랑하세요. 그런 관계만이 오래오래 계속됩니다. 정말 아끼는 사람, 오래오래 같이 하고 싶은 사람들에게는 돈 관계에서 손을 떼세요. 그것이 지혜자의 길입니다.

–지혜자의 길을 걸읍시다. 솔 제자 씀.

떠날 때는 말없이

"많은 재산보다는 명예를 택하는 것이 낫고 은이나 금보다는 은총을 택하는 것이 낫다"(잠22:1)

직장을 떠날 때, 은퇴할 때, 교회를 떠날 때, 시끄럽게 하고 떠나는 사람들이 있습니다. 처음 만날 때는 대부분 좋은 관계입니다. 그런데 떠날 때에는 기분 나쁘게, 에서와 야곱처럼 원수가 되어 떠납니다. 만날 때보다 떠날 때가 더 중요합니다. 그래서 유종의 미를 거두라는 말을 종종 씁니다.

목회를 시작할 때에는 신선하게 출발하는데 은퇴할 때에는 지저분하게 떠납니다. 뒷정리를 잘 못해요. 은퇴할 때 시끄러운 것은 돈 문제 때문이에요. 그래서 말없이 떠나지 못하고 시끄럽게 문제를 만들고, 또한 그 문제도 해결 안 된 채로, 명예가 훼손되면서 떠나게 되더라고요.

나름대로 각자 사정은 있으나, 떠날 때에 말없이 떠나기 위해서라도 미리 떠날 준비하는 지혜가 필요한 것 같아요. "내일 일은 난 몰라요." 하지 말고 내일을 준비하십시오. 기름을 준비한 다섯 처녀들처럼 준비해야 하지 않을까요? "내일을 준비할 여유가 어디 있어? 배부른 소리 하고 있네." 할지 모르지만 준비를 잘 해야 떠날 때는 말없이 떠날 수 있잖아요? 떠날 때에 아름답게 떠나기 위해서도 미리 미리 준비해야 하지 않겠어요? 서로를 위해서!

-떠남을 현명하게 준비하십시오. 솔 제자 씀.

손해를 택하면 손해 볼 일이 없다

"네가 보는 앞에 땅이 얼마든지 있으니 따로 떨어져 살자 네가 왼쪽으로 가면 나는 오른쪽으로 가고 네가 오른쪽으로 가면 나는 왼쪽으로 가겠다"(창 13:9)

저의 아버님께서 생전에 대개 손해 보는 쪽을 선택하는 것이 하나님의 뜻이며 안전한 길이라고 말씀하신 적이 있습니다. 단체, 인간관계, 교회 안에서도 내가 손해 안 보겠다고 우기다가 싸움과 갈등으로 연결됩니다. 쥐를 잡을 때에도 땅콩버터를 쥐덫에 두면 잡히는 것 같이, 사탄은 이익[이해]이라는 쥐덫을 놓고 우리들이 싸우고 갈라지도록 유혹하고 있습니다.

주님도 겟세마네 동산에서 아버지의 뜻을 물을 때에도 결국에 쓴 잔을 선택하셨습니다. 아브라함도 조카인 롯과 떨어져 살려고 했을 때, 롯에게 먼저 선택권을 주었습니다. 롯은 소돔이 너무 풍성하고 기름진 땅으로 보여 그것을 먼저 선택하였습니다. 아브라함이 손해 본 것 같았으나 나중에 소돔과 고모라는 멸망하고 맙니다.

바보스러운 지혜자는 먼저 손해 보는 쪽을 택합니다. 그러나 나중에 보면 자신에게도 유익하고 신뢰의 관계도 깨어지지 않습니다. 이익을 붙잡으려고 하다가 소중한 사람, 소중한 우정을 잃어버리지 말고 먼저 손해를 택하십시오. 그러면 손해 볼 일이 없습니다. 안전합니다.

–손해 볼 일이 없기를. 솔 제자 씀.

주제 파악을 좀 하세요

"늘 악한 일만 꾀하는 사람은, 이간질꾼이라고 불린다 어리석은 사람은 죄짓는 것만 계획한다 오만한 사람은 누구에게나 미움을 받는다"(잠 24:8,9)

솔 교수님은 악한 일만 생각하는 사람은 이간질꾼이라고 불리는 것이며 생각이 죄 짓는 것으로 가득 차 있는 사람을 어리석은 사람이라고 지적합니다. 하루종일 죄짓는 것만 계획하고 생각하니, 얼마나 괴롭고 허무한 인생입니까? 늘 악한 일만 생각하고 있으니 그 사람을 누가 환영하고 좋아하겠습니까?

그리고 이어서 오만한 사람은 누구에게나 미움을 받는다고 말씀하십니다. 괜히 왕따를 당하는 것이 아니라 다 이유가 있습니다. 어디에 가나 오만한 사람은 환영을 받지 못합니다. 다른 이들을 무시하고 잘난 티를 내고 자기중심적으로 남을 내려다보고 사니 누가 좋아하겠습니까? 그래서 사람들이 미워합니다. 자신이 어디에 가나, 누구에게나 미움을 받는다고 생각하면 얼마나 고통스러울까요?

그러므로 내가 왜 왕따를 당하는지 주위 사람들을 탓하기 전에 한번쯤 자기 자신을 체크해 봅시다. 왜 사람들이 가까이 하기에 먼 당신이라고 하는지 생각해 보세요. 한마디로 요약하면 주제파악이 필요한 것이 아닐까요?

만족스러운 생활을 하려면

"주님을 경외하며 살면 생명을 얻는다 그는 만족스러운 생활을 하며 재앙을 만나지 않는다"(잠 19:23)

솔 교수님이 말씀하기를 주님을 경외하면 세 가지 복을 얻는다고 하셨어요. 첫째로 생명을 얻고 둘째로 만족한 생활을 하게 되고 셋째로 재앙을 만나지 않는대요. 복되고 복된 생활을 보장받는군요.

그런데 주님을 경외한다는 것이 구체적으로 무엇입니까? 그것은 주님 앞에 순종하는 것이며 그분의 뜻을 높여드리는 것입니다. 그런데 내 뜻에 내가 순종하면서 주님을 경외한다고 하니 주님은 얼마나 답답하실까요? 복 받는 길에서는 멀리멀리 가 있으면서 복 받기를 기도하니 주님도 난처할 것입니다.

받고 싶은 것은 많지만 받을 그릇이 준비되지 않고, 받을 존재로 준비되지 않으니 하나님이 복을 풍성하게 준비하고도 주실 수 없어서 안타까우실 것 같아요. 이제 부디 내 원대로 마옵시고 주님 뜻대로 순종합시다. 그러면 만족한 생활이 계속될 것입니다. 재앙도 피해 가버리고요. 그러니 욕심 부리지 말고 지혜롭게 살아요.

–순종으로 만족합시다. 솔 제자 씀.

결론은 이것이다

"할 말은 다 하였다 결론은 이것이다 하나님을 두려워하여라. 그분이 주신 계명을 지켜라 이것이 바로 사람이 해야 할 의무다"(전 12:13)

솔로몬 인생의 결론이며 동시에 우리 인생의 결론입니다. 솔 교수님은 잠언과 전도서를 통해 인생의 지혜에 대한 말씀을 주십니다. 이제 솔 교수님께서 하고 싶으신 말씀은 다하였습니다. 한마디로 결론을 낼 때입니다. 그 결론이 무엇입니까? 한 마디로 하나님을 두려워하고 그분의 계명을 지키라는 것입니다. 이것이 사람의 의무입니다. 아주 간단하고 단순합니다. 하나님을 두려워하고 계명을 지키는 것, 이것이 이 모든 잠언을 결론짓는 말씀입니다.

탕자의 경우 실패가 우연히 온 것이 아니라 필연이었으며, 사실 처음부터 실패를 계획한 것입니다. 실패의 원인은 부모와 같은 주님을 두려워하지 않았고, 그분의 말씀을 듣고 지키지 않았기 때문입니다.

우리는 흔히 실패 후 좋은 경험을 했다고 스스로 위로하는데, 그러나 다 잃은 후에 무슨 소용이 있습니까? 더구나 인생의 후반전에서 실패하면 역전승하기에는 너무 시간이 짧습니다. 혹시 전반전이면 몰라도요. 단순한 이 명령을 따르세요. 하나님을 두려워하고 계명을 지키는 것, 이것이 인간의 당연한 의무입니다.

윤남옥 · 이용택 목사의

성경을 여는 비밀

—

초판인쇄 2011년 10월 13일
초판발행 2011년 10월 18일

—

지 은 이 윤남옥 · 이용택
펴 낸 이 박주경
펴 낸 곳 도서출판 메누하

—

등록번호 126-91-20214
주 소 서울시 종로구 이화동 184-3
전 화 070-8851-7578
총 판 도서출판 진홍 (02)2230-5155
홈페이지 http://cafe.daum.net/bride23
e-mail yunnamok@gmail.com

—

ISBN 978-89-967146-2-0

정가 11,000원